# CAXTON
# GERMAN
# VERBS

CAXTON EDITIONS

First published in Great Britain by
CAXTON EDITIONS
an imprint of
the Caxton Book Company Ltd
16 Connaught Street
Marble Arch
London W2 2AF

Prepared and designed
for Caxton Editions by
Superlaunch Limited
PO Box 207
Abingdon
Oxfordshire OX13 6TA

Consultant editor Silke Mammen

ISBN 1 84067 080 0

A copy of the CIP data for this book is available from
the British Library upon request

Printed and bound in India

# INTRODUCTION

## Verb Forms

This book includes the most commonly-used tenses in German, most of which are in the indicative mood. The most basic form of the verb, the **infinitive**, which in English translates as the 'to' form, is followed by the **present** and **past participles** which are used in forming the **compound tenses** with **auxiliary** verbs, and then the **imperative**.

### Imperative
The imperative is used for giving orders, for example *habe Mut* [have courage], or making suggestions, as in *warten wir* [let's wait].

### Indicative
This is the normal everyday form of a verb, that is used to express a fact known to the speaker or writer (as distinct from a possibility or a report from someone else) as in *ich reite* [I ride]; *er schläft* [he is sleeping]; *sie haben gesehen* [they have seen].

### Present subjunctive
This mood now remains only in such expressions in English as if *I were you*, and *God save the Queen*. A similar usage in German would be expressing a hypothetical comparison, such as *er tat, als ob er unchuldig wäre* [he acted as if he were innocent]. However, the subjunctive is used in German mainly to convey reported speech, for example *sie sagte, sie komme später* [she said she was coming later].

## Imperfect indicative
This tense in German describes past habitual or continuous action. In writing it may also describe a completed past action, as in *ich lief* [I was running].

## Compound tenses
These verb tenses consist of more than one element. Compound tenses are formed in German by an **auxiliary** verb and either the **past participle**, for example *er hat gesagt* [he has said] or the **infinitive**, *wir werden kaufen* [we will buy].

## Auxiliary verbs
Auxiliary verbs are used to form compound tenses of verbs, such as *have* in *I have gone*. The auxiliary verbs in German are *haben*, *sein* and *werden*.

## Present participle
This is the form which ends in ~*ing* in English, for example *gehend* [going]. This, like the **past participle**, may also be used as an adjective as in *die lachenden Kinder* [the laughing children], which is by far the most common use of the present participle.

## Past participle
The past participle is used after the auxiliary *haben* or *sein* to form the perfect tenses in German, for example *gefragt* [asked] in *ich habe gefragt* [I have asked]. Like the present participle, the past participle may also be used as an adjective, as in *der gefeierte Poet* [the celebrated poet].

## Perfect indicative
In German this is the standard past tense in conversation, comprising the **present indicative** of *haben* or *sein* and the **past participle**, for example *ich habe gewaschen* [I have washed], *du bist*

*gelaufen* [you have run]. The past participle of some verbs can be used with either *werden* or *sein*, for example *ich habe geritten* or *ich bin geritten*. Where this is possible, it is shown after the past participle form in the heading. In some cases this alters the meaning, for example in *biegen* [to bend], the past participle of which, *gebogen*, when used with the auxiliary *sein* becomes 'to be bent'.

## Pluperfect indicative
In German and English alike, this tense expresses an action which happened in the past before another past action. In German, this comprises the **imperfect indicative** of *haben* or *sein* and the **past participle**, for example *er hatte getan* [he had done] *sie waren angekommen* [they had arrived].

## Future
The future tense in German is constructed with the auxiliary *werden* and the **infinitive**, for example *sie werden gehen* [they will go].

## Conditional
The conditional is introduced in English by the auxiliary *would*, as in *I would travel if I had the money*. In German it is constructed with the imperfect subjunctive of *werden* and the **infinitive**, for example *ich würde lächeln* [I would smile]. The conditional tense and the **imperfect subjunctive** both have the same meaning and could be used interchangeably (for example, *er würde kommen* instead of *er käme* [he would come]). The shorter imperfect subjunctive is more formal and is regarded as good written style. However, in relation to some verbs it is considered old-fashioned and archaic, and the conditional tense is preferred.

TO ANNOY *ärgern*
**Present participle** *ärgernd*
**Past participle** *geärgert*
**Imperative** ärger(e)! ärgern wir! ärgert ! ärgern Sie!

**Present indicative**
ich ärgere
du ärgerst
er ärgert
wir ärgern
ihr ärgert
sie ärgern

**Present subjunctive**
ich ärgere
du ärgerst
er ärgere
wir ärgern
ihr ärgert
sie ärgern

**Imperfect indicative**
ich ärgerte
du ärgertest
er ärgerte
wir ärgerten
ihr ärgertet
sie ärgerten

**Imperfect subjuncitve**
ich ärgerte
du ärgertest
er ärgerte
wir ärgerten
ihr ärgertet
sie ärgerten

**Perfect indicative**
ich habe geärgert
du hast geärgert
er hat geärgert
wir haben geärgert
ihr habt geärgert
sie haben geärgert

**Future indicative**
ich werde ärgern
du wirst ärgern
er sird ärgern
wir werden ärgern
ihr werdet ärgern
sie werden ärgern

**Pluperfect indicative**
ich hatte geärgert
du hatťest geärgert
er hatte geärgert
wir hatten geärgert
ihr hattet geärgert
sie hatten geärgert

**Conditional**
ich würde ärgern
er würde ärgern
du würdest ärgern
wir würden ärgern
ihr würdet ärgern
sie würden ärgern

TO ARRIVE *ankommen*
**Present participle** *ankommend*
**Past participle** *angekommen*
**Imperative** komm(e) an! kommen wir an! kommt
an! kommen Sie an!

**Present indicative**
ich komme an
du kommst an
er kommt an
wir kommen an
ihr kommt an
sie kommen an

**Present subjunctive**
ich komme an
du kommest an
er komme an
wir kommen an
ihr kommet an
sie kommen an

**Imperfect indicative**
ich kam an
du kamst an
er kam an
wir kamen an
ihr kamt an
sie kamen an

**Imperfect subjunctive**
ich käme an
du kämest an
er käme an
wir kämen an
ihr kämet an
sie kämen an

**Perfect indicative**
ich bin angekommen
du bist angekommen
er ist angekommen
wir sind angekommen
ihr seid angekommen
sie sind angekommen

**Future indicative**
ich werde ankommen
du wirst ankommen
er wird ankommen
wir werden ankommen
ihr werdet ankommen
sie werden ankommen

**Pluperfect indicative**
ich war angekommen
du warst angekommen
er war angekommen
wir waren angekommen
ihr wart angekommen
sie waren angekommen

**Conditional**
ich würde ankommen
du würdest ankommen
er würde ankommen
wir würden ankommen
ihr würdet ankommen
sie würden ankommen

TO ASK *fragen*
**Present participle** *fragend*
**Past participle** *gefragt*
**Imperative** frag(e)! fragen wir! fragt! fragen Sie!

| **Present indicative** | **Present subjunctive** |
|---|---|
| ich frage | ich frage |
| du fragst | du fragest |
| er fragt | er frage |
| wir fragen | wir fragen |
| ihr fragt | ihr fraget |
| sie fragen | sie fragen |

| **Imperfect indicative** | **Imperfect subjunctive** |
|---|---|
| ich fragte | ich fragte |
| du fragtest | du fragtest |
| er fragte | er fragte |
| wir fragten | wir fragten |
| ihr fragtet | ihr fragtet |
| sie fragten | sie fragten |

| **Perfect indicative** | **Future indicative** |
|---|---|
| ich habe gefragt | ich werde fragen |
| du hast gefragt | du wirst fragen |
| er hat gefragt | er wird fragen |
| wir haben gefragt | wir werden fragen |
| ihr habt gefragt | ihr werdet fragen |
| sie haben gefragt | sie werden fragen |

| **Pluperfect indicative** | **Conditional** |
|---|---|
| ich hatte gefragt | ich würde fragen |
| du hattest gefragt | du würdest fragen |
| er hatte gefragt | er würde fragen |
| wir hatten gefragt | wir würden fragen |
| ihr hattet gefragt | ihr würdet fragen |
| sie hatten gefragt | sie würden fragen |

TO AVOID *meiden*
**Present participle** *meidend*
**Past participle** *gemieden*
**Imperative** meid(e)! meiden wir! meidet! meiden
Sie!

**Present indicative**
ich meide
du meidest
er meidet
wir meiden
ihr meidet
sie meiden

**Present subjunctive**
ich meide
du meidest
er meide
wir meiden
ihr meidet
sie meiden

**Imperfect indicative**
ich mied
du mied(e)st
er mied
wir mieden
ihr miedet
sie mieden

**Imperfect subjunctive**
ich miede
du miedest
er miede
wir mieden
ihr miedet
sie mieden

**Perfect indicative**
ich habe gemieden
du hast gemieden
er hat gemieden
wir haben gemieden
ihr habt gemieden
sie haben gemieden

**Future indicative**
ich werde meiden
du wirst meiden
er wird meiden
wir werden meiden
ihr werdet meiden
sie werden meiden

**Pluperfect indicative**
ich hatte gemieden
du hattest gemieden
er hatte gemieden
wir hatten gemieden
ihr hattet gemieden
sie hatten gemieden

**Conditional**
ich würde meiden
du würdest meiden
er würde meiden
wir würden meiden
ihr würdet meiden
sie würden meiden

TO BAKE *backen*
**Present participle** *backend*
**Past participle** *gebacken*
**Imperative** back(e)! backen wir! backt! backen Sie!

| Present indicative | Present subjunctive |
|---|---|
| ich backe | ich backe |
| du bäckst | du backest |
| er bäckt | er backe |
| wir backen | wir backen |
| ihr backt | ihr backet |
| sie backen | sie backen |

| Imperfect indicative | Imperfect subjunctive |
|---|---|
| ich backte | ich büke |
| du backtest | du bükest |
| er backte | er büke |
| wir backten | wir büken |
| ihr backtet | ihr büket |
| sie backten | sie büken |

| Perfect indicative | Future indicative |
|---|---|
| ich habe gebacken | ich werde backen |
| du hast gebacken | du wirst backen |
| er hat gebacken | er wird backen |
| wir haben gebacken | wir werden backen |
| ihr habt gebacken | ihr werdet backen |
| sie haben gebacken | sie werden backen |

| Pluperfect indicative | Conditional |
|---|---|
| ich hatte gebacken | ich würde backen |
| du hattest gebacken | du würdest backen |
| er hatte gebacken | er würde backen |
| wir hatten gebacken | wir würden backen |
| ihr hattet gebacken | ihr würdet backen |
| sie hatten gebacken | sie würden backen |

**Present participle** *seiend*
**Past participle** *gewesen*
**Imperative** sei! seien wir! seid! seien Sie!

---

**Present indicative**
ich bin
du bist
er ist
wir sind
ihr seid
sie sind

**Present subjunctive**
ich sei
du seist
er sei
wir seien
ihr seiet
sie seien

**Imperfect indicative**
ich war
du warst
er war
wir waren
ihr wart
sie waren

**Imperfect subjunctive**
ich wäre
du wärest
er wäre
wir wären
ihr wäret
sie wären

**Perfect indicative**
ich bin gewesen
du bist gewesen
er ist gewesen
wir sind gewesen
ihr seid gewesen
sie sind gewesen

**Future indicative**
ich werde sein
du wirst sein
er wird sein
wir werden sein
ihr werdet sein
sie werden sein

**Pluperfect indicative**
ich war gewesen
du warst gewesen
er war gewesen
wir waren gewesen
ihr wart gewesen
sie waren gewesen

**Conditional**
ich würde sein
du würdest sein
er würde sein
wir würden sein
ihr würdet sein
sie würden sein

TO BE ABLE TO, CAN, MAY *können*
**Present participle** *könnend*
**Past participle** *gekonnt / können**
* *können* is used when preceded by an infinitive

---

**Present indicative**
ich kann
du kannst
er kann
wir können
ihr könnt
sie können

**Present subjunctive**
ich könne
du könnest
er könne
wir können
ihr könnet
sie können

**Imperfect indicative**
ich konnte
du konntest
er konnte
wir konnten
ihr konntet
sie konnten

**Imperfect subjunctive**
ich könnte
du könntest
er könnte
wir könnten
ihr könntet
sie könnten

**Perfect indicative**
ich habe gekonnt
du hast gekonnt
er hat gekonnt
wir haben gekonnt
ihr habt gekonnt
sie haben gekonnt

**Future indicative**
ich werde können
du wirst können
er wird können
wir werden können
ihr werdet können
sie werden können

**Pluperfect indicative**
ich hatte gekonnt
du hattest gekonnt
er hatte gekonnt
wir hatten gekonnt
ihr hattet gekonnt
sie hatten gekonnt

**Conditional**
ich würde können
du würdest können
er würde können
wir würden können
ihr würdet können
sie würden können

TO BE ALLOWED TO *dürfen*
**Present participle** *dürfend*
**Past participle** *gedurft / dürfen\**
\* *dürfen* is used when preceded by an infinitive

---

**Present indicative**
ich darf
du darfst
er darf
wir dürfen
ihr dürft
sie dürfen

**Present subjunctive**
ich dürfe
du dürfest
er dürfe
wir dürfen
ihr dürfet
sie dürfen

**Imperfect indicative**
ich durfte
du durftest
er durfte
wir durften
ihr durftet
sie durften

**Imperfect subjunctive**
ich dürfte
du dürftest
er dürfte
wir dürften
ihr dürftet
sie dürften

**Perfect indicative**
ich habe gedurft
du hast gedurft
er hat gedurft
wir haben gedurft
ihr habt gedurft
sie haben gedurft

**Future indicative**
ich werde dürfen
du wirst dürfen
er wird dürfen
wir werden dürfen
ihr werdet dürfen
sie werden dürfen

**Pluperfect indicative**
ich hatte gedurft
du hattest gedurft
er hatte gedurft
wir hatten gedurft
ihr hattet gedurft
sie hatten gedurft

**Conditional**
ich würde dürfen
du würdest dürfen
er würde dürfen
wir würden dürfen
ihr würdet dürfen
sie würden dürfen

TO BE CALLED *heißen*
**Present participle** *heißend*
**Past participle** *geheißen*
**Imperative** heiß(e)! heißen wir! heißt! heißen Sie!

| Present indicative | Present subjunctive |
|---|---|
| ich heiße | ich heiße |
| du heißt | du heißest |
| er heißt | er heiße |
| wir heißen | wir heißen |
| ihr heißt | ihr heißet |
| sie heißen | sie heißen |

| Imperfect indicative | Imperfect subjunctive |
|---|---|
| ich hieß | ich hieße |
| du hießest | du hießest |
| er hieß | er hieße |
| wir hießen | wir hießen |
| ihr hießt | ihr hießet |
| sie hießen | sie hießen |

| Perfect indicative | Future indicative |
|---|---|
| ich habe geheißen | ich werde heißen |
| du hast geheißen | du wirst heißen |
| er hat geheißen | er wird heißen |
| wir haben geheißen | wir werden heißen |
| ihr habt geheißen | ihr werdet heißen |
| sie haben geheißen | sie werden heißen |

| Pluperfect indicative | Conditional |
|---|---|
| ich hatte geheißen | ich würde heißen |
| du hattest geheißen | du würdest heißen |
| er hatte geheißen | er würde heißen |
| wir hatten geheißen | wir würden heißen |
| ihr hattet geheißen | ihr würdet heißen |
| sie hatten geheißen | sie würden heißen |

TO BE PLEASED *sich freuen*
**Present participle** *freuend*
**Past participle** *gefreut*
**Imperative** freue dich! freuen wir uns! freut euch!
freuen Sie sich!

| **Present indicative** | **Present subjunctive** |
|---|---|
| ich freue mich | ich freue mich |
| du freust dich | du freuest dich |
| er freut sich | er freue sich |
| wir freuen uns | wir freuen uns |
| ihr freut euch | ihr freuet euch |
| sie freuen sich | sie freuen sich |

| **Imperfect indicative** | **Imperfect subjunctive** |
|---|---|
| ich freute mich | ich freute mich |
| du freutest dich | du freutest dich |
| er freute sich | er freute sich |
| wir freuten uns | wir freuten uns |
| ihr freutet euch | ihr freutet euch |
| sie freuten sich | sie freuten sich |

| **Perfect indicative** | **Future indicative** |
|---|---|
| ich habe mich gefreut | ich werde mich freuen |
| du hast dich gefreut | du wirst dich freuen |
| er hat sich gefreut | er wird sich freuen |
| wir haben uns gefreut | wir werden uns freuen |
| ihr habt euch gefreut | ihr werdet euch freuen |
| sie haben sich gefreut | sie werden sich freuen |

| **Pluperfect indicative** | **Conditional** |
|---|---|
| ich hatte mich gefreut | ich würde mich freuen |
| du hattest dich gefreut | du würdest dich freuen |
| er hatte sich gefreut | er würde sich freuen |
| wir hatten uns gefreut | wir würden uns freuen |
| ihr hattet euch gefreut | ihr würdet euch freuen |
| sie hatten sich gefreut | sie würden sich freuen |

TO BE SILENT *schweigen*
**Present participle** *schweigend*
**Past participle** *geschwiegen*
**Imperative** schweig! schweigen wir! schweigt!
schweigen Sie!

## Present indicative
ich schweige
du schweigst
er schweigt
wir schweigen
ihr schweigt
sie schweigen

## Present subjunctive
ich schweige
du schweigest
er schweige
wir schweigen
ihr schweiget
sie schweigen

## Imperfect indicative
ich schwieg
du schwiegst
er schwieg
wir schwiegen
ihr schwiegt
sie schwiegen

## Imperfect subjunctive
ich schwiege
du schwiegest
er schwiege
wir schwiegen
ihr schwieget
sie schwiegen

## Perfect indicative
ich habe geschwiegen
du hast geschwiegen
er hat geschwiegen
wir haben geschwiegen
ihr habt geschwiegen
sie haben geschwiegen

## Future indicative
ich werde schweigen
du wirst schweigen
er wird schweigen
wir werden schweigen
ihr werdet schweigen
sie werden schweigen

## Pluperfect indicative
ich hatte geschwiegen
du hattest geschwiegen
er hatte geschwiegen
wir hatten geschwiegen
ihr hattet geschwiegen
sie hatten geschwiegen

## Conditional
ich würde schweigen
du würdest schweigen
er würde schweigen
wir würden schweigen
ihr würdet schweigen
sie würden schweigen

TO BE VALID *gelten*
**Present participle** *geltend*
**Past participle** *gegolten*
**Imperative** gilt! gelten wir! geltet! gelten Sie!

---

**Present indicative**
ich gelte
du giltst
er gilt
wir gelten
ihr geltet
sie gelten

**Present subjunctive**
ich gelte
du geltest
er gelte
wir gelten
ihr geltet
sie gelten

**Imperfect indicative**
ich galt
du galt(e)st
er galt
wir galten
ihr galtet
sie galten

**Imperfect subjunctive**
ich gälte
du gältest
er gälte
wir gälten
ihr gältet
sie gälten

**Perfect indicative**
ich habe gegolten
du hast gegolten
er hat gegolten
wir haben gegolten
ihr habt gegolten
sie haben gegolten

**Future indicative**
ich werde gelten
du wirst gelten
er wird gelten
wir werden gelten
ihr werdet gelten
sie werden gelten

**Pluperfect indicative**
ich hatte gegolten
du hattest gegolten
er hatte gegolten
wir hatten gegolten
ihr hattet gegolten
sie hatten gegolten

**Conditional**
ich würde gelten
du würdest gelten
er würde gelten
wir würden gelten
ihr würdet gelten
sie würden gelten

TO BECOME *werden*
**Present participle** *werdend*
**Past participle** *geworden / worden*
**Imperative** werde! werden wir! werdet! werden Sie!

**Present indicative**
ich werde
du wirst
er wird
wir werden
ihr werdet
sie werden

**Present subjunctive**
ich werde
du werdest
er werde
wir werden
ihr werdet
sie werden

**Imperfect indicative**
ich wurde
du wurdest
er wurde
wir wurden
ihr wurdet
sie wurden

**Imperfect subjunctive**
ich würde
du würdest
er würde
wir würden
ihr würdet
sie würden

**Perfect indicative**
ich bin geworden
du bist geworden
er ist geworden
wir sind geworden
ihr seid geworden
sie sind geworden

**Future indicative**
ich werde werden
du wirst werden
er wird werden
wir werden werden
ihr werdet werden
sie werden werden

**Pluperfect indicative**
ich war geworden
du warst geworden
er war geworden
wir waren geworden
ihr wart geworden
sie waren geworden

**Conditional**
ich würde werden
du würdest werden
er würde werden
wir würden werden
ihr würdet werden
sie würden werden

TO BEGIN *beginnen*
**Present participle** *beginnend*
**Past participle** *begonnen*
**Imperative** beginn(e)! beginnen wir! beginnt!
beginnen Sie!

**Present indicative**
ich beginne
du beginnst
er beginnt
wir beginnen
ihr beginnt
sie beginnen

**Present subjunctive**
ich beginne
du beginnest
er beginne
wir beginnen
ihr beginnet
sie beginnen

**Imperfect indicative**
ich begann
du begannst
er begann
wir begannen
ihr begannt
sie begannen

**Imperfect subjunctive**
ich begänne
du begännest
er begänne
wir begännen
ihr begännet
sie begännen

**Perfect indicative**
ich habe begonnen
du hast begonnen
er hat begonnen
wir haben begonnen
ihr habt begonnen
sie haben begonnen

**Future indicative**
ich werde beginnen
du wirst beginnen
er wird beginnen
wir werden beginnen
ihr werdet beginnen
sie werden beginnen

**Pluperfect indicative**
ich hatte begonnen
du hattest begonnen
er hatte begonnen
wir hatten begonnen
ihr hattet begonnen
sie hatten begonnen

**Conditional**
ich würde beginnen
du würdest beginnen
er würde beginnen
wir würden beginnen
ihr würdet beginnen
sie würden beginnen

TO BEND, TURN *biegen*
**Present participle** *biegend*
**Past participle** *gebogen* (can be used with auxiliary
'*sein*' to mean 'to be bent')
**Imperative** bieg(e)! biegen wir! biegt! biegen Sie!

| **Present indicative** | **Present subjunctive** |
|---|---|
| ich biege | ich biege |
| du biegst | du biegest |
| er biegt | er biege |
| wir biegen | wir biegen |
| ihr biegt | ihr bieget |
| sie biegen | sie biegen |

| **Imperfect indicative** | **Imperfect subjunctive** |
|---|---|
| ich bog | ich böge |
| du bogst | du bögest |
| er bog | er böge |
| wir bogen | wir bögen |
| ihr bogt | ihr böget |
| sie bogen | sie bögen |

| **Perfect indicative** | **Future indicative** |
|---|---|
| ich habe gebogen | ich werde biegen |
| du hast gebogen | du wirst biegen |
| er hat gebogen | er wird biegen |
| wir haben gebogen | wir werden biegen |
| ihr habt gebogen | ihr werdet biegen |
| sie haben gebogen | sie werden biegen |

| **Pluperfect indicative** | **Conditional** |
|---|---|
| ich hatte gebogen | ich würde biegen |
| du hattest gebogen | du würdest biegen |
| er hatte gebogen | er würde biegen |
| wir hatten gebogen | wir würden biegen |
| ihr hattet gebogen | ihr würdet biegen |
| sie hatten gebogen | sie würden biegen |

TO BITE *beißen*
**Present participle** *beißend*
**Past participle** *gebissen*
**Imperative** beiß(e)! beißen wir! beißt! beißen Sie!

---

**Present indicative**
ich beiße
du beißt
er beißt
wir beißen
ihr beißt
sie beißen

**Present subjunctive**
ich beiße
du beißest
er beiße
wir beißen
ihr beißet
sie beißen

**Imperfect indicative**
ich biß
du bissest
er biß
wir bissen
ihr bißt
sie bissen

**Imperfect subjunctive**
ich bisse
du bissest
er bisse
wir bissen
ihr bisset
sie bissen

**Perfect indicative**
ich habe gebissen
du hast gebissen
er hat gebissen
wir haben gebissen
ihr habt gebissen
sie haben gebissen

**Future indicative**
ich werde beißen
du wirst beißen
er wird beißen
wir werden beißen
ihr werdet beißen
sie werden beißen

**Pluperfect indicative**
ich hatte gebissen
du hattest gebissen
er hatte gebissen
wir hatten gebissen
ihr hattet gebissen
sie hatten gebissen

**Conditional**
ich würde beißen
du würdest beißen
er würde beißen
wir würden beißen
ihr würdet beißen
sie würden beißen

TO BLOW *blasen*
**Present participle** *blasend*
**Past participle** *geblasen*
**Imperative** blas(e)! blasen wir! blast! blasen Sie!

**Present indicative**
ich blase
du bläst
er bläst
wir blasen
ihr blast
sie blasen

**Present subjunctive**
ich blase
du blasest
er blase
wir blasen
ihr blaset
sie blasen

**Imperfect indicative**
ich blies
du bliesest
er blies
wir bliesen
ihr bliest
sie bliesen

**Imperfect subjunctive**
ich bliese
du bliesest
er bliese
wir bliesen
ihr blieset
sie bliesen

**Perfect indicative**
ich habe geblasen
du hast geblasen
er hat geblasen
wir haben geblasen
ihr habt geblasen
sie haben geblasen

**Future indicative**
ich werde blasen
du wirst blasen
er wird blasen
wir werden blasen
ihr werdet blasen
sie werden blasen

**Pluperfect indicative**
ich hatte geblasen
du hattest geblasen
er hatte geblasen
wir hatten geblasen
ihr hattet geblasen
sie hatten geblasen

**Conditional**
ich würde blasen
du würdest blasen
er würde blasen
wir würden blasen
ihr würdet blasen
sie würden blasen

TO BREAK *brechen*
**Present participle** *brechend*
**Past participle** *gebrochen*
**Imperative** brich! brechen wir! brecht! brechen Sie!

**Present indicative**
ich breche
du brichst
er bricht
wir brechen
ihr brecht
sie brechen

**Present subjunctive**
ich breche
du brechest
er breche
wir brechen
ihr brechet
sie brechen

**Imperfect indicative**
ich brach
du brachst
er brach
wir brachen
ihr bracht
sie brachen

**Imperfect subjunctive**
ich bräche
du brächest
er bräche
wir brächen
ihr brächet
sie brächen

**Perfect indicative**
ich habe gebrochen
du hast gebrochen
er hat gebrochen
wir haben gebrochen
ihr habt gebrochen
sie haben gebrochen

**Future indicative**
ich werde brechen
du wirst brechen
er wird brechen
wir werden brechen
ihr werdet brechen
sie werden brechen

**Pluperfect indicative**
ich hatte gebrochen
du hattest gebrochen
er hatte gebrochen
wir hatten gebrochen
ihr hattet gebrochen
sie hatten gebrochen

**Conditional**
ich würde brechen
du würdest brechen
er würde brechen
wir würden brechen
ihr würdet brechen
sie würden brechen

TO BREATHE *atmen*
**Present participle** *atmend*
**Past participle** *geatmet*
**Imperative** atme! atmen wir! atmet! atmen Sie!

---

**Present indicative**
ich atme
du atmest
er atmet
wir atmen
ihr atmet
sie atmen

**Present subjunctive**
ich atme
du atmest
er atme
wir atmen
ihr atmet
sie atmen

**Imperfect indicative**
ich atmete
du atmetest
er atmete
wir atmeten
ihr atmetet
sie atmeten

**Imperfect subjunctive**
ich atmete
du atmetest
er atmete
wir atmeten
ihr atmetet
sie atmeten

**Perfect indicative**
ich habe geatmet
du hast geatmet
er hat geatmet
wir haben geatmet
ihr habt geatmet
sie haben geatmet

**Future indicative**
ich werde atmen
du wirst atmen
er wird atmen
wir werden atmen
ihr werdet atmen
sie werden atmen

**Pluperfect indicative**
ich hatte geatmet
du hattest geatmet
er hatte geatmet
wir hatten geatmet
ihr hattet geatmet
sie hatten geatmet

**Conditional**
ich würde atmen
du würdest atmen
er würde atmen
wir würden atmen
ihr würdet atmen
sie würden atmen

TO BRING *bringen*
**Present participle** *bringend*
**Past participle** *gebracht*
**Imperative** bring(e)! bringen wir! bringt! bringen Sie!

**Present indicative**
ich bringe
du bringst
er bringt
wir bringen
ihr bringt
sie bringen

**Present subjunctive**
ich bringe
du bringest
er bringe
wir bringen
ihr bringet
sie bringen

**Imperfect indicative**
ich brachte
du brachtest
er brachte
wir brachten
ihr brachtet
sie brachten

**Imperfect subjunctive**
ich brächte
du brächtest
er brächte
wir brächten
ihr brächtet
sie brächten

**Perfect indicative**
ich habe gebracht
du hast gebracht
er hat gebracht
wir haben gebracht
ihr habt gebracht
sie haben gebracht

**Future indicative**
ich werde bringen
du wirst bringen
er wird bringen
wir werden bringen
ihr werdet bringen
sie werden bringen

**Pluperfect indicative**
ich hatte gebracht
du hattest gebracht
er hatte gebracht
wir hatten gebracht
ihr hattet gebracht
sie hatten gebracht

**Conditional**
ich würde bringen
du würdest bringen
er würde bringen
wir würden bringen
ihr würdet bringen
sie würden bringen

TO BUILD *bauen*
**Present participle** *bauend*
**Past participle** *gebaut*
**Imperative** baue(e)! bauen wir! baut! bauen Sie!

---

**Present indicative**
ich baue
du baust
er baut
wir bauen
ihr baut
sie bauen

**Present subjunctive**
ich baue
du bauest
er baue
wir bauen
ihr bauet
sie bauen

**Imperfect indicative**
ich baute
du bautest
er baute
wir bauten
ihr bautet
sie bauten

**Imperfect subjunctive**
ich baute
du bautest
er baute
wir bauten
ihr bautet
sie bauten

**Perfect indicative**
ich habe gebaut
du hast gebaut
er hat gebaut
wir haben gebaut
ihr habt gebaut
sie haben gebaut

**Future indicative**
ich werde bauen
du wirst bauen
er wird bauen
wir werden bauen
ihr werdet bauen
sie werden bauen

**Pluperfect indicative**
ich hatte gebaut
du hattest gebaut
er hatte gebaut
wir hatten gebaut
ihr hattet gebaut
sie hatten gebaut

**Conditional**
ich würde bauen
du würdest bauen
er würde bauen
wir würden bauen
ihr würdet bauen
sie würden bauen

TO BURN *brennen*
**Present participle** *brennend*
**Past participle** *gebrannt*
**Imperative** brenn(e)! brennen wir! brennt! brennen Sie!

## Present indicative
ich brenne
du brennst
er brennt
wir brennen
ihr brennt
sie brennen

## Present subjunctive
ich brenne
du brennest
er brenne
wir brennen
ihr brennet
sie brennen

## Imperfect indicative
ich brannte
du branntest
er brannte
wir brannten
ihr branntet
sie brannten

## Imperfect subjunctive
ich brennte
du brenntest
er brennte
wir brennten
ihr brenntet
sie brennten

## Perfect indicative
ich habe gebrannt
du hast gebrannt
er hat gebrannt
wir haben gebrannt
ihr habt gebrannt
sie haben gebrannt

## Future indicative
ich werde brennen
du wirst brennen
er wird brennen
wir werden brennen
ihr werdet brennen
sie werden brennen

## Pluperfect indicative
ich hatte gebrannt
du hattest gebrannt
er hatte gebrannt
wir hatten gebrannt
ihr hattet gebrannt
sie hatten gebrannt

## Conditional
ich würde brennen
du würdest brennen
er würde brennen
wir würden brennen
ihr würdet brennen
sie würden brennen

TO BURY *begraben*
**Present participle** *begrabend*
**Past participle** *begraben*
**Imperative** begrab(e)! begraben wir! begrabt!
begraben Sie!

**Present indicative**
ich begrabe
du begräbst
er begräbt
wir begraben
ihr begrabt
sie begraben

**Present subjunctive**
ich begrabe
du begrabest
er begrabe
wir begraben
ihr begrabet
sie begraben

**Imperfect indicative**
ich begrub
du begrubst
er begrub
wir begruben
ihr begrubt
sie begruben

**Imperfect subjunctive**
ich begrübe
du begrübest
er begrübe
wir begrüben
ihr begrübet
sie begrüben

**Perfect indicative**
ich habe begraben
du hast begraben
er hat begraben
wir haben begraben
ihr habt begraben
sie haben begraben

**Future indicative**
ich werde begraben
du wirst begraben
er wird begraben
wir werden begraben
ihr werdet begraben
sie werden begraben

**Pluperfect indicative**
ich hatte begraben
du hattest begraben
er hatte begraben
wir hatten begraben
ihr hattet begraben
sie hatten begraben

**Conditional**
ich würde begraben
du würdest begraben
er würde begraben
wir würden begraben
ihr würdet begraben
wir würden begraben

TO BUY *kaufen*
**Present participle** *kaufend*
**Past participle** *gekauft*
**Imperative** kauf(e)! kaufen wir! kauft! kaufen Sie!

---

**Present indicative**
ich kaufe
du kaufst
er kauft
wir kaufen
ihr kauft
sie kaufen

**Present subjunctive**
ich kaufe
du kaufest
er kaufe
wir kaufen
ihr kaufet
sie kaufen

**Imperfect indicative**
ich kaufte
du kauftest
er kaufte
wir kauften
ihr kauftet
sie kauften

**Imperfect subjunctive**
ich kaufte
du kauftest
er kaufte
wir kauften
ihr kauftet
sie kauften

**Perfect indicative**
ich habe gekauft
du hast gekauft
er hat gekauft
wir haben gekauft
ihr habt gekauft
sie haben gekauft

**Future indicative**
ich werde kaufen
du wirst kaufen
er wird kaufen
wir werden kaufen
ihr werdet kaufen
sie werden kaufen

**Pluperfect indicative**
ich hatte gekauft
du hattest gekauft
er hatte gekauft
wir hatten gekauft
ihr hattet gekauft
sie hatten gekauft

**Conditional**
ich würde kaufen
du würdest kaufen
er würde kaufen
wir würden kaufen
ihr würdet kaufen
sie würden kaufen

TO CALL, SHOUT *rufen*
**Present participle** *rufend*
**Past participle** *gerufen*
**Imperative** ruf(e)! rufen wir! ruft! rufen Sie!

**Present indicative**
ich rufe
du rufst
er ruft
wir rufen
ihr ruft
sie rufen

**Present subjunctive**
ich rufe
du rufest
er rufe
wir rufen
ihr rufet
sie rufen

**Imperfect indicative**
ich rief
du riefst
er rief
wir riefen
ihr rieft
sie riefen

**Imperfect subjunctive**
ich riefe
du riefest
er riefe
wir riefen
ihr riefet
sie riefen

**Perfect indicative**
ich habe gerufen
du hast gerufen
er hat gerufen
wir haben gerufen
ihr habt gerufen
sie haben gerufen

**Future indicative**
ich werde rufen
du wirst rufen
er wird rufen
wir werden rufen
ihr werdet rufen
sie werden rufen

**Pluperfect indicative**
ich hatte gerufen
du hattest gerufen
er hatte gerufen
wir hatten gerufen
ihr hattet gerufen
sie hatten gerufen

**Conditional**
ich würde rufen
du würdest rufen
er würde rufen
wir würden rufen
ihr würdet rufen
sie würden rufen

TO CATCH *fangen*
**Present participle** *fangend*
**Past participle** *gefangen*
**Imperative** fang(e)! fangen wir! fangt! fangen Sie!

**Present indicative**
ich fange
du fängst
er fängt
wir fangen
ihr fangt
sie fangen

**Present subjunctive**
ich fange
du fangest
er fange
wir fangen
ihr fanget
sie fangen

**Imperfect indicative**
ich fing
du fingst
er fing
wir fingen
ihr fingt
sie fingen

**Imperfect subjunctive**
ich finge
du fingest
er finge
wir fingen
ihr finget
sie fingen

**Perfect indicative**
ich habe gefangen
du hast gefangen
er hat gefangen
wir haben gefangen
ihr habt gefangen
sie haben gefangen

**Future indicative**
ich werde fangen
du wirst fangen
er wird fangen
wir werden fangen
ihr werdet fangen
sie werden fangen

**Pluperfect indicative**
ich hatte gefangen
du hattest gefangen
er hatte gefangen
wir hatten gefangen
ihr hattet gefangen
sie hatten gefangen

**Conditional**
ich würde fangen
du würdest fangen
er würde fangen
wir würden fangen
ihr würdet fangen
sie würden fangen

TO CELEBRATE *feiern*
**Present participle** *feiernd*
**Past participle** *gefeiert*
**Imperative** feier(e)! feiern wir! feiert! feiern Sie!

---

**Present indicative**
ich feiere
du feierst
er feiert
wir feiern
ihr feiert
sie feiern

**Present subjunctive**
ich feiere
du feierst
er feiere
wir feiern
ihr feiert
sie feiern

**Imperfect indicative**
ich feierte
du feiertest
er feierte
wir feierten
ihr feiertet
sie feiertet

**Imperfect subjunctive**
ich feierte
du feiertest
er feierte
wir feierten
ihr feiertet
sie feierten

**Perfect indicative**
ich habe gefeiert
du hast gefeiert
er hat gefeiert
wir haben gefeiert
ihr habt gefeiert
sie haben gefeiert

**Future indicative**
ich werde feiern
du wirst feiern
er wird feiern
wir werden feiern
ihr werdet feiern
sie werden feiern

**Pluperfect indicative**
ich hatte gefeiert
du hattest gefeiert
er hatte gefeiert
wir hatten gefeiert
ihr hattet gefeiert
sie hatten gefeiert

**Conditional**
ich würde feiern
du würdest feiern
er würde feiern
wir würden feiern
ihr würdet feiern
sie würden feiern

TO CLIMB *klimmen*
**Present participle** *klimmend*
**Past participle** *geklommen*
**Imperative** klimm(e)! klimmen wir! klimmt!
klimmen Sie!

| **Present indicative** | **Present subjunctive** |
|---|---|
| ich klimme | ich klimme |
| du klimmst | du klimmest |
| er klimmt | er klimme |
| wir klimmen | wir klimmen |
| ihr klimmt | ihr klimmet |
| sie klimmen | sie klimmen |

| **Imperfect indicative** | **Imperfect subjunctive** |
|---|---|
| ich klomm | ich klömme |
| du klommst | du klömmest |
| er klomm | er klömme |
| wir klommen | wir klömmen |
| ihr klommt | ihr klömmet |
| sie klommen | sie klömmen |

| **Perfect indicative** | **Future indicative** |
|---|---|
| ich bin geklonunen | ich werde klimmen |
| du bist geklommen | du wirst klimmen |
| er ist geklommen | er wird klimmen |
| wir sind geklommen | wir werden klimmen |
| ihr seid geklommen | ihr werdet klimmen |
| sie sind geklommen | sie werden klimmen |

| **Pluperfect indicative** | **Conditional** |
|---|---|
| ich war geklommen | ich würde klimmen |
| du warst geklommen | du würdest klimmen |
| er war geklommen | er würde klimmen |
| wir waren geklommen | wir würden klimmen |
| ihr wart geklommen | ihr würdet klimmen |
| sie waren geklommen | sie würden klimmen |

TO CLIMB *steigen*
**Present participle** *steigend*
**Past participle** *gestiegen*
**Imperative** steig(e)! steigen wir! steigt! steigen Sie!

**Present indicative**
ich steige
du steigst
er steigt
wir steigen
ihr steigt
sie steigen

**Present subjunctive**
ich steige
du steigest
er steige
wir steigen
ihr steiget
sie steigen

**Imperfect indicative**
ich stieg
du stiegst
er stieg
wir stiegen
ihr stiegt
sie stiegen

**Imperfect subjunctive**
ich stiege
du stiegest
er stiege
wir stiegen
ihr stieget
sie stiegen

**Perfect indicative**
ich bin gestiegen
du bist gestiegen
er ist gestiegen
wir sind gestiegen
ihr seid gestiegen
sie sind gestiegen

**Future indicative**
ich werde steigen
du wirst steigen
er wird steigen
wir werden steigen
ihr werdet steigen
sie werden steigen

**Pluperfect indicative**
ich war gestiegen
du warst gestiegen
er war gestiegen
wir waren gestiegen
ihr wart gestiegen
sie waren gestiegen

**Conditional**
ich würde steigen
du würdest steigen
er würde steigen
wir würden steigen
ihr würdet steigen
sie würden steigen

TO COLLECT *sammeln*
**Present participle** *sammelnd*
**Past participle** *gesammelt*
**Imperative** sammel(e)! sammeln wir! sammelt! sammeln Sie!

**Present indicative**
ich samm(e)le
du sammelst
er sammelt
wir sammeln
ihr sammelt
sie sammeln

**Present subjunctive**
ich samm(e)le
du sammelst
er samm(e)le
wir sammeln
ihr sammelt
sie sammeln

**Imperfect indicative**
ich sammelte
du sammeltest
er sammelte
wir sammelten
ihr sammeltet
sie sammelten

**Imperfect subjunctive**
ich sammelte
du sammeltest
er sammelte
wir sammelten
ihr sammeltet
sie sammelten

**Perfect indicative**
ich habe gesammelt
du hast gesammelt
er hat gesammelt
wir haben gesammelt
ihr habt gesammelt
sie haben gesammelt

**Future indicative**
ich werde sammeln
du wirst sammeln
er wird sammeln
wir werden sammeln
ihr werdet sammeln
sie werden sammeln

**Pluperfect indicative**
ich hatte gesammelt
du hattest gesammelt
er hatte gesammelt
wir hatten gesammelt
ihr hattet gesammelt
sie hatten gesammelt

**Conditional**
ich würde sammeln
du würdest sammeln
er würde sammeln
wir würden sammeln
ihr würdet sammeln
sie würden sammeln

TO COME *kommen*
**Present participle** *kommend*
**Past participle** *gekommen*
**Imperative** komm(e)! kommen wir! kommt!
kommen Sie!

**Present indicative**
ich komme
du kommst
er kommt
wir kommen
ihr kommt
sie kommen

**Present subjunctive**
ich komme
du kommest
er komme
wir kommen
ihr kommet
sie kommen

**Imperfect indicative**
ich kam
du kamst
er kam
wir kamen
ihr kamt
sie kamen

**Imperfect subjunctive**
ich käme
du kämest
er käme
wir kämen
ihr kämet
sie kämen

**Perfect indicative**
ich bin gekommen
du bist gekommen
er ist gekommen
wir sind gekommen
ihr seid gekommen
sie sind gekommen

**Future indicative**
ich werde kommen
du wirst kommen
er wird kommen
wir werden kommen
ihr werdet kommen
sie werden kommen

**Pluperfect indicative**
ich war gekommen
du warst gekommen
er war gekommen
wir waren gekonunen
ihr wart gekommen
sie waren gekommen

**Conditional**
ich würde kommen
du würdest kommen
er würde kommen
wir würden kommen
ihr würdet kommen
sie würden kommen

TO COMMAND *befehlen*
**Present participle** *befehlend*
**Past participle** *befohlen*
**Imperative** befiehl! befehlen wir! befehlt! befehlen Sie!

**Present indicative**
ich befehle
du befiehlst
er befiehlt
wir befehlen
ihr befehlt
sie befehlen

**Present subjunctive**
ich befehle
du befehlest
er befehle
wir befehlen
ihr befehlet
sie befehlen

**Imperfect indicative**
ich befahl
du befahlst
er befahl
wir befahlen
ihr befahlt
sie befahlen

**Imperfect subjunctive**
ich befähle
du befählest
er befähle
wir befählen
ihr befählet
sie befählen

**Perfect indicative**
ich habe befohlen
du hast befohlen
er hat befohlen
wir haben befohlen
ihr habt befohlen
sie haben befohlen

**Future indicative**
ich werde befehlen
du wirst befehlen
er wird befehlen
wir werden befehlen
ihr werdet befehlen
sie werden befehlen

**Pluperfect indicative**
ich hatte befohlen
du hattest befohlen
er hatte befohlen
wir hatten befohlen
ihr hattet befohlen
sie hatten befohlen

**Conditional**
ich würde befehlen
du würdest befehlen
er würde befehlen
wir würden befehlen
ihr würdet befehlen
sie würden befehlen

TO COMPEL, FORCE *zwingen*
**Present participle** *zwingend*
**Past participle** *gezwungen*
**Imperative** zwing(e)! zwingen wir! zwingt! zwingen
Sie!

**Present indicative**
ich zwinge
du zwingst
er zwingt
wir zwingen
ihr zwingt
sie zwingen

**Present subjunctive**
ich zwinge
du zwingest
er zwinge
wir zwingen
ihr zwinget
sie zwingen

**Imperfect indicative**
ich zwang
du zwangst
er zwang
wir zwangen
ihr zwangt
sie zwangen

**Imperfect subjunctive**
ich zwänge
du zwängest
er zwänge
wir zwängen
ihr zwänget
sie zwängen

**Perfect indicative**
ich habe gezwungen
du hast gezwungen
er hat gezwungen
wir haben gezwungen
ihr habt gezwungen
sie haben gezwungen

**Future indicative**
ich werde zwingen
du wirst zwingen
er wird zwingen
wir werden zwingen
ihr werdet zwingen
sie werden zwingen

**Pluperfect indicative**
ich hatte gezwungen
du hattest gezwungen
er hatte gezwungen
wir hatten gezwungen
ihr hattet gezwungen
sie hatten gezwungen

**Conditional**
ich würde zwingen
du würdest zwingen
er würde zwingen
wir würden zwingen
ihr würdet zwingen
sie würden zwingen

TO CREATE *schaffen*
**Present participle** *schaffen*d
**Past participle** *geschaffen*
**Imperative** schaff(e)! schaffen wir! schafft!
schaffen Sie!

**Present indicative**
ich schaffe
du schaffst
er schafft
wir schaffen
ihr schafft
sie schaffen

**Present subjunctive**
ich schaffe
du schaffest
er schaffe
wir schaffen
ihr schaffet
sie schaffen

**Imperfect indicative**
ich schuf
du schufst
er schuf
wir schufen
ihr schuft
sie schufen

**Imperfect subjunctive**
ich schüfe
du schüfest
er schüfe
wir schüfen
ihr schüfet
sie schüfen

**Perfect indicative**
ich habe geschaffen
du hast geschaffen
er hat geschaffen
wir haben geschaffen
ihr habt geschaffen
sie haben geschaffen

**Future indicative**
ich werde schaffen
du wirst schaffen
er wird schaffen
wir werden schaffen
ihr werdet schaffen
ie werden schaffen

**Pluperfect indicative**
ich hatte geschaffen
du hattest geschaffen
er hatte geschaffen
wir hatten geschaffen
ihr hattet geschaffen
sie hatten geschaffen

**Conditional**
ich würde schaffen
du würdest schaffen
er würde schaffen
wir würden schaffen
ihr würdet schaffen
sie würden schaffen

TO CREEP, CRAWL *kriechen*
**Present participle** *kriechend*
**Past participle** *gekrochen*
**Imperative** kriech! kriechen wir! kriecht! kriechen Sie!

**Present indicative**
ich krieche
du kriechst
er kriecht
wir kriechen
ihr kriecht
sie kriechen

**Present subjunctive**
ich krieche
du kriechest
er krieche
wir kriechen
ihr kriechet
sie kriechen

**Imperfect indicative**
ich kroch
du krochst
er kroch
wir krochen
ihr krocht
se krochen

**Imperfect subjunctive**
ich kröche
du kröchest
er kröche
wir kröchen
ihr kröchet
sie kröchen

**Perfect indicative**
ich bin gekrochen
du bist gekrochen
er ist gekrochen
wir sind gekrochen
ihr seid gekrochen
sie sind gekrochen

**Future indicative**
ich werde kriechen
du wirst kriechen
er wird kriechen
wir werden kriechen
ihr werdet kriechen
sie werden kriechen

**Pluperfect indicative**
ich war gekrochen
du warst gekrochen
er war gekrochen
wir waren gekrochen
ihr wart gekrochen
sie waren gekrochen

**Conditional**
ich würde kriechen
du würdest kriechen
er würde kriechen
wir würden kriechen
ihr würdet kriechen
sie würden kriechen

TO CREEP *schleichen*
**Present participle** *schleichend*
**Past participle** *geschlichen*
**Imperative** schleich! schleichen wir! schleicht!
schleichen Sie!

**Present indicative**
ich schleiche
du schleichst
er schleicht
wir schleichen
ihr schleicht
sie schleichen

**Present subjunctive**
ich schleiche
du schleichest
er schleiche
wir schleichen
ihr schleichet
sie schleichen

**Imperfect indicative**
ich schlich
du schlichst
er schlich
wir schlichen
ihr schlicht
sie schlichen

**Imperfect subjunctive**
ich schliche
du schlichest
er schliche
wir schlichen
ihr schlichet
sie schlichen

**Perfect indicative**
ich bin geschlichen
du bist geschlichen
er ist geschlichen
wir sind geschlichen
ihr seid geschlichen
sie sind geschlichen

**Future indicative**
ich werde schleichen
du wirst schleichen
er wird schleichen
wir werden schleichen
ihr werdet schleichen
sie werden schleichen

**Pluperfect indicative**
ich war geschlichen
du warst geschlichen
er war geschlichen
wir waren geschlichen
ihr wart geschlichen
sie waren geschlichen

**Conditional**
ich würde schleichen
du würdest schleichen
er würde schleichen
wir würden schleichen
ihr würdet schleichen
sie würden schléichen

TO CRY *weinen*
**Present participle** *weinend*
**Past participle** *geweint*
**Imperative** wein(e)! weinen wir! weint! weinen Sie!

**Present indicative**
ich weine
du weinst
er weint
wir weinen
ihr weint
sie weinen

**Present subjunctive**
ich weine
du weinest
er weine
wir weinen
ihr weinet
sie weinen

**Imperfect indicative**
ich weinte
du weintest
er weinte
wir weinten
ihr weintet
sie weinten

**Imperfect subjunctive**
ich weinte
du weintest
er weinte
wir weinten
ihr weintet
sie weinten

**Perfect indicative**
ich habe geweint
du hast geweint
er hat geweint
wir haben geweint
ihr habt geweint
sie haben geweint

**Future indicative**
ich werde weinen
du wirst weinen
er wird weinen
wir werden weinen
ihr werdet weinen
sie werden weinen

**Pluperfect indicative**
ich hatte geweint
du hattest geweint
er hatte geweint
wir hatten geweint
ihr hattet geweint
sie hatten geweint

**Conditional**
ich würde weinen
du würdest weinen
er würde weinen
wir würden weinen
ihr würdet weinen
sie würden weinen

TO CUT *schneiden*
**Present participle** *schneidend*
**Past participle** *geschnitten*
**Imperative** schneid(e)! schneiden wir! schneidet!
schneiden Sie!

**Present indicative**
ich schneide
du schneidest
er schneidet
wir schneiden
ihr schneidet
sie schneiden

**Present subjunctive**
ich schneide
du schneidest
er schneide
wir schneiden
ihr schneidet
sie schneiden

**Imperfect indicative**
ich schnitt
du schnittst
er schnitt
wir schnitten
ihr schnittet
sie schnitten

**Imperfect subjunctive**
ich schnitte
du schnittest
er schnitte
wir schnitten
ir schnittet
sie schnitten

**Perfect indicative**
ich habe geschnitten
du hast geschnitten
er hat geschnitten
wir haben geschnitten
ihr habt geschnitten
sie haben geschnitten

**Future indicative**
ich werde schneiden
du wirst schneiden
er wird schneiden
wir werden schneiden
ihr werdet schneiden
sie werden schneiden

**Pluperfect indicative**
ich hatte geschnitten
du hattest geschnitten
er hatte geschnitten
wir hatten geschnitten
ihr hattet geschnitten
sie hatten geschnitten

**Conditional**
ich würde schneiden
du würdest schneiden
er würde schneiden
wir würden schneiden
ihr würdet schneiden
sie würden schneiden

TO DAMAGE *schaden*
**Present participle** *schadend*
**Past participle** *geschadet*
**Imperative** schade! schaden wir! schadet! schaden Sie!

**Present indicative**
ich schade
du schadest
er schadet
wir schaden
ihr schadet
sie schaden

**Present subjunctive**
ich schade
du schadest
er schade
wir schaden
ihr schadet
sie schaden

**Imperfect indicative**
ich schadete
du schadetest
er schadete
wir schadeten
ihr schadetet
sie schadeten

**Imperfect subjunctive**
ich schadete
du schadetest
er schadete
wir schadeten
ihr schadetet
sie schadeten

**Perfect indicative**
ich habe geschadet
du hast geschadet
er hat geschadet
wir haben geschadet
ihr habt geschadet
sie haben geschadet

**Future indicative**
ich werde schaden
du wirst schaden
er wird schaden
wir werden schaden
ihr werdet schaden
sie werden schaden

**Pluperfect indicative**
ich hatte geschadet
du hattest geschadet
er hatte geschadet
wir hatten geschadet
ihr hattet geschadet
sie hatten geschadet

**Conditional**
ich würde schaden
du würdest schaden
er würde schaden
wir würden schaden
ihr würdet schaden
sie würden schaden

TO DECEIVE *täuschen*
**Present participle** *täuschend*
**Past participle** *getäuscht*
**Imperative** täusch(e)! täuschen wir! täuscht!
täuschen Sie!

**Present indicative**
ich täusche
du täuschst
er täuscht
wir täuschen
ihr täuscht
sie täuschen

**Present subjunctive**
ich täusche
du täuschest
er täusche
wir täuschen
ihr täuschet
sie täuschen

**Imperfect indicative**
ich täuschte
du täuschtest
er täuschte
wir täuschten
ihr täuschtet
sie täuschten

**Imperfect subjunctive**
ich täuschte
du täuschtest
er täuschte
wir täuschten
ihr täuschten
sie täuschten

**Perfect indicative**
ich habe getäuscht
du hast getäuscht
er hat getäuscht
wir haben getäuscht
ihr habt getäuscht
sie haben getäuscht

**Future indicative**
ich werde täuschen
du wirst täuschen
er wird täuschen
wir werden täuschen
ihr werdet täuschen
sie werden täuschen

**Pluperfect indicative**
ich hatte getäuscht
du hattest getäuscht
er hatte getäuscht
wir hatten getäuscht
ihr hattet getäuscht
sie hatten getäuscht

**Conditional**
ich würde täuschen
du würdest täuschen
er würde täuschen
wir würden täuschen
ihr würdet täuschen
sie würden täuschen

TO DECEIVE *trügen*
**Present participle** *trügend*
**Past participle** *getrogen*
**Imperative** trüg(e)! trügen wir! trügt! trügen Sie!

---

**Present indicative**
ich trüge
du trügst
er trügt
wir trügen
ihr trügt
sie trügen

**Present subjunctive**
ich trüge
du trügest
er trüge
wir trügen
ihr trüget
sie trügen

**Imperfect indicative**
ich trog
du trogst
er trog
wir trogen
ihr trogt
sie trogen

**Imperfect subjunctive**
ich tröge
du trögest
er tröge
wir trögen
ihr tröget
sie trögen

**Perfect indictive**
ich habe getrogen
du hast getrogen
er hat getrogen
wir haben getrogen
ihr habt getrogen
sie haben getrogen

**Future indicative**
ich werde trügen
du wirst trügen
er wird trügen
wir werden trügen
ihr werdet trügen
sie werden trügen

**Pluperfect indicative**
ich hatte getrogen
du hattest getrogen
er hatte getrogen
wir hatten getrogen
ihr hattet getrogen
sie hatten getrogen

**Conditional**
ich würde trügen
du würdest trügen
er würde trügen
wir würden trügen
ihr würdet trügen
sie würden trügen

TO DEPART *abreisen*
**Present participle** *abreisend*
**Past participle** *abgereist*
**Imperative** reis(e) ab! reisen wir ab! reist ab!
reisen Sie ab!

---

**Present indicative**
ich reise ab
du reist ab
er reist ab
wir reisen ab
ihr reist ab
sie reisen ab

**Present subjunctive**
ich reise ab
du reisest ab
er reise ab
wir reisen ab
ihr reiset ab
sie reisen ab

**Imperfect indicative**
ich reiste ab
du reistest ab
er reiste ab
wir reisten ab
ihr reistet ab
sie reisten ab

**Imperfect subjunctive**
ich reiste ab
du reistest ab
er reiste ab
wir reisten ab
ihr reistest ab
sie reisten ab

**Perfect indicative**
ich bin abgereist
du bist abgereist
er ist abgereist
wir sind abgereist
ihr seid abgereist
sie sind abgereist

**Future indicative**
ich werde abreisen
du wirst abreisen
er wird abreisen
wir werden abreisen
ihr werdet abreisen
sie werden abreisen

**Pluperfect indicative**
ich war abgereist
du warst abgereist
er war abgereist
wir waren abgereist
ihr wart abgereist
sie waren abgereist

**Conditional**
ich würde abreisen
du würdest abreisen
er würde abreisen
wir würden abreisen
ihr würdet abreisen
sie würden abreisen

TO DESIRE *begehren*
**Present participle** *begehrend*
**Past participle** *begehrt*
**Imperative** begehr(e)! begehren wir! begehrt!
begehren Sie!

| **Present indicative** | **Present subjunctive** |
|---|---|
| ich begehre | ich begehre |
| du begehrst | du begehrest |
| er begehrt | er begehre |
| wir begehren | wir begehren |
| ihr begehrt | ihr begehret |
| sie begehren | sie begehren |

| **Imperfect indicative** | **Imperfect subjunctive** |
|---|---|
| ich begehrte | ich begehrte |
| du begehrtest | du begehrtest |
| er begehrte | er begehrte |
| wir begehrten | wir begehrten |
| ihr begehrtet | ihr begehrtet |
| sie begehrten | sie begehrten |

| **Perfect indicative** | **Future indicative** |
|---|---|
| ich habe begehrt | ich werde begehren |
| du hast begehrt | du wirst begehren |
| er hat begehrt | er wird begehren |
| wi haben begehrt | wir werden begehren |
| ihr habt begehrt | ihr werdet begehren |
| sie haben begehrt | sie werden begehren |

| **Pluperfect indicative** | **Conditional** |
|---|---|
| ich hatte begehrt | ich würde begehren |
| du hattest begehrt | du würdest begehren |
| er hatte begehrt | er würde begehren |
| wir hatten begehrt | wir würden begehren |
| ihr hattet begehrt | ihr würdet begehren |
| sie hatten begehrt | sie würden begehren |

TO DESTROY *zerstören*
**Present participle** *zerstörend*
**Past participle** *zerstört*
**Imperative** zerstör(e)! zerstören wir! zerstört! zerstören Sie!

**Present indicative**
ich zerstöre
du zerstörst
er zerstört
wir zerstören
ihr zerstört
sie zerstören

**Present subjunctive**
ich zerstöre
du zerstörest
er zerstöre
wir zerstören
ihr zerstöret
sie zerstören

**Imperfect indicative**
ich zerstörte
du zerstörtest
er zerstörte
wir zerstörten
ihr zerstörtet
sie zerstörten

**Imperfect subjunctive**
ich zerstörte
du zerstörtest
er zerstörte
wir zerstörten
ihr zerstörtet
sie zerstörten

**Perfect indicative**
ich habe zerstört
du hast zerstört
er hat zerstört
wir haben zerstört
ihr habt zerstört
sie haben zerstört

**Future indicative**
ich werde zerstören
du wirst zerstören
er wird zerstören
wir werden zerstören
ihr werdet zerstören
sie werden zerstören

**Pluperfect indicative**
ich hatte zerstört
du hattest zerstört
er hatte zerstört
wir hatten zerstört
ihr hattet zerstört
sie hatten zerstört

**Conditional**
ich würde zerstören
du würdest zerstören
er würde zerstören
wir würden zerstören
ihr würdet zerstören
sie würden zerstören

TO DIE *sterben*
**Present participle** *sterbend*
**Past participle** *gestorben*
**Imperative** stirb! sterben wir! sterbt! sterben Sie!

---

**Present indicative**
ich sterbe
du stirbst
er stirbt
wir sterben
ihr sterbt
sie sterben

**Present subjunctive**
ich sterbe
du sterbest
er sterbe
wir sterben
ihr sterbet
sie sterben

**Imperfect indicative**
ich starb
du starbst
er starb
wir starben
ihr starbt
sie starben

**Imperfect subjunctive**
ich stürbe
du stürbest
er stürbe
wir stürben
ihr stürbet
sie stürben

**Perfect indicative**
ich bin gestorben
du bist gestorben
er ist gesorben
wir sind gestorben
ihr seid gestorben
sie sind gestorben

**Future indicative**
ich werde sterben
du wirst sterben
er wird sterben
wir werden sterben
ihr werdet sterben
sie werden sterben

**Pluperfect indicative**
ich war gestorben
du warst gestorben
er war gestorben
wir waren gestorben
ihr wart gestorben
sie waren gestorben

**Conditional**
ich würde sterben
du würdest sterben
er würde sterben
wir würden sterben
ihr würdet sterben
sie würden sterben

TO DIG *graben*
**Present participle** *grabend*
**Past participle** *gegraben*
**Imperative** grab(e)! graben wir! grabt! graben Sie!

| **Present indicative** | **Present subjunctive** |
|---|---|
| ich grabe | ich grabe |
| du gräbst | du grabest |
| er gräbt | er grabe |
| wir graben | wir graben |
| ihr grabt | ihr grabet |
| sie graben | sie graben |

**Imperfect indicative** | **Imperfect subjunctive**
ich grub | ich grübe
du grubst | du grübest
er grub | er grübe
wir gruben | wir grüben
ihr grubt | ihr grübet
sie gruben | sie grüben

**Perfect indicative** | **Future indicative**
ich habe gegraben | ich werde graben
du hast gegraben | du wirst graben
er hat gegraben | er wird graben
wir haben gegraben | wir werden graben
ihr habt gegraben | ihr werdet graben
sie haben gegraben | sie werden graben

**Pluperfect indicative** | **Conditional**
ich hatte gegraben | ich würde graben
du hattest gegraben | du würdest graben
er hatte gegraben | er würde graben
wir hatten gegraben | wir würden graben
ihr hattet gegraben | ihr würdet graben
sie hatten gegraben | sie würden graben

TO DISAPPEAR *verschwinden*
**Present participle** *verschwindend*
**Past participle** *verschwunden*
**Imperative** verschwind(e)! verschwinden wir!
verschwindet! verschwinden Sie!

**Present indicative**
ich verschwinde
du verschwindest
er verschwindet
wir verschwinden
ihr verschwindet
sie verschwinden

**Present subjunctive**
ich verschwinde
du verschwindest
er verschwinde
wir verschwinden
ihr verschwindet
sie verschwinden

**Imperfect indicative**
ich verschwand
du verschwand(e)st
er verschwand
wir verschwanden
ihr verschwandet
sie verschwanden

**Imperfect subjunctive**
ich verschwände
du verschwändest
er verschwände
wir verschwänden
ihr verschwändet
sie verschwänden

**Perfect indicative**
ich bin verschwunden
du bist verschwunden
er ist verschwunden
wir sind verschwunden
ihr seid verschwunden
sie sind verschwunden

**Future indicative**
ich werde verschwinden
du wirst verschwinden
er wird verschwinden
wir werden verschwinden
ihr werdet verschwinden
sie werden verschwinden

**Pluperfect indicative**
ich war verschwunden
du warst verschwunden
er war verschwunden
wir waren verschwunden
ihr wart verschwunden
sie waren verschwunden

**Conditional**
ich würde verschwinden
du würdest verschwinden
er würde verschwinden
wir würden verschwinden
ihr würdet verschwinden
sie würden verschwinden

TO DO *tun*
**Present participle** *tuend*
**Past participle** *getan*
**Imperative** tu(e)! tun wir! tut! tun Sie!

---

**Present indicative**
ich tue
du tust
er tut
wir tun
ihr tut
sie tun

**Present subjunctive**
ich tue
du tuest
er tue
wir tuen
ihr tuet
sie tuen

**Imperfect indicative**
ich tat
du tat(e)st
er tat
wir taten
ihr tatet
sie taten

**Imperfect subjunctive**
ich täte
du tätest
er täte
wir täten
ihr tätet
sie täten

**Perfect indicative**
ich habe getan
du hast getan
er hat getan
wir haben getan
ihr habt getan
sie haben getan

**Future indicative**
ich werde tun
du wirst tun
er wird tun
wir werden tun
ihr werdet tun
sie werden tun

**Pluperfect indicative**
ich hatte getan
du hattest getan
er hatte getan
wir hatten getan
ihr hattet getan
sie hatten getan

**Conditional**
ich würde tun
du würdest tun
er würde tun
wir würden tun
ihr würdet tun
sie würden tun

TO DRAG *schleifen*
**Present participle** *schleifend*
**Past participle** *geschliffen*
**Imperative** schleif(e)! schleifen wir! schleift!
schleifen Sie!

| **Present indicative** | **Present subjunctive** |
|---|---|
| ich schleife | ich schleife |
| du schleifst | du schleifest |
| er schleift | er schleife |
| wir schleifen | wir schleifen |
| ihr schleift | ihr schleifet |
| sie schleifen | sie schleifen |

| **Imperfect indicative** | **Imperfect subjunctive** |
|---|---|
| ich schliff | ich schliffe |
| du schliffst | du schliffest |
| er schliff | er schliffe |
| wir schliffen | wir schliffen |
| ihr schlifft | ihr schliffet |
| sie schliffen | sie schliffen |

| **Perfect indicative** | **Future indicative** |
|---|---|
| ich habe geschliffen | ich werde schleifen |
| du hast geschliffen | du wirst schleifen |
| er hat geschliffen | er wird schleifen |
| wir haben geschliffen | wir werden schleifen |
| ihr habt geschliffen | ihr werdet schleifen |
| sie haben geschliffen | sie werden schleifen |

| **Pluperfect indicative** | **Conditional** |
|---|---|
| ich hatte geschliffen | ich würde schleifen |
| du hattest geschliffen | du würdest schleifen |
| er hatte geschliffen | er würde schleifen |
| wir hatten geschliffen | wir würden schleifen |
| ihr hattet geschliffen | ihr würdet schleifen |
| sie hatten geschliffen | sie würden schleifen |

TO DRAW *malen*
**Present participle** *malend*
**Past participle** *gemalt*
**Imperative** mal(e)! malen wir! malt! malen Sie!

---

**Present indicative**
ich male
du malst
er malt
wir malen
ihr malt
sie malen

**Present subjunctive**
ich male
du malest
er male
wir malen
ihr malet
sie malen

**Imperfect indicative**
ich malte
du maltest
er malte
wir malten
ihr maltet
sie malten

**Imperfect subjunctive**
ich malte
du maltest
er malte
wir malten
ihr maltet
sie malten

**Perfect indicative**
ich habe gemalt
du hast gemalt
er hat gemalt
wir haben gemalt
ihr habt gemalt
sie haben gemalt

**Future indicative**
ich werde malen
du wirst malen
er wird malen
wir werden malen
ihr werdet malen
sie werden malen

**Pluperfect indicative**
ich hatte gemalt
du hattest gemalt
er hatte gemalt
wir hatten gemalt
ihr hattet gemalt
sie hatten gemalt

**Conditional**
ich würde malen
du würdest malen
er würde malen
wir würden malen
ihr würdet malen
sie würden malen

TO DRAW, PULL *ziehen*
**Present participle** *ziehend*
**Past participle** *gezogen* (can be used with auxiliary 'sein' to mean 'to be drawn')
**Imperative** zieh(e)! ziehen wir! zieht! ziehen Sie!

| **Present indicative** | **Present subjunctive** |
|---|---|
| ich ziehe | ich ziehe |
| du ziehst | du ziehest |
| er zieht | er ziehe |
| wir ziehen | wir ziehen |
| ihr zieht | ihr ziehet |
| sie ziehen | sie ziehen |

| **Imperfect indicative** | **Imperfect subjunctive** |
|---|---|
| ich zog | ich zöge |
| du zogst | du zögest |
| er zog | er zöge |
| wir zogen | wir zögen |
| ihr zogt | ihr zöget |
| sie zogen | sie zögen |

| **Perfect indicative** | **Future indicative** |
|---|---|
| ich habe gezogen | ich werde ziehen |
| du hast gezogen | du wirst ziehen |
| er hat gezogen | er wird ziehen |
| wir haben gezogen | wir werden ziehen |
| ihr habt gezogen | ihr werdet ziehen |
| sie haben gezogen | sie werden ziehen |

| **Pluperfect indicative** | **Conditional** |
|---|---|
| ich hatte gezogen | ich würde ziehen |
| du hattest gezogen | du würdest ziehen |
| er hatte gezogen | er würde ziehen |
| wir hatten gezogen | wir würden ziehen |
| ihr hattet gezogen | ihr würdet ziehen |
| sie hatten gezogen | sie würden ziehen |

TO DRINK *trinken*
**Present participle** *trinkend*
**Past participle** *getrunken*
**Imperative** trink(e)! trinken wir! trinkt! trinken Sie!

**Present indicative**
ich trinke
du trinkst
er trinkt
wir trinken
ihr trinkt
sie trinken

**Present subjunctive**
ich trinke
du trinkest
er trinke
wir trinken
ihr trinket
sie trinken

**Imperfect indicative**
ich trank
du trankst
er trank
wir tranken
ihr trankt
sie tranken

**Imperfect subjunctive**
ich tränke
du tränkest
er tränke
wir tränken
ihr tränket
sie tränken

**Perfect indicative**
ich habe getrunken
du hast getrunken
er hat getrunken
wir haben getrunken
ihr habt getrunken
sie haben getrunken

**Future indicative**
ich werde trinken
du wirst trinken
er wird trinken
wir werden trinken
ihr werdet trinken
sie werden trinken

**Pluperfect indicative**
ich hatte getrunken
du hattest getrunken
er hatte getrunken
wir hatten getrunken
ihr hattet getrunken
sie hatten getrunken

**Conditional**
ich würde trinken
du würdest trinken
er würde trinken
wir würden trinken
ihr würdet trinken
sie würden trinken

TO DRINK (of animals), booze *saufen*
**Present participle** *saufend*
**Past participle** *gesoffen*
**Imperative** sauf(e)! saufen wir! sauft! saufen Sie!

| **Present indicative** | **Present subjunctive** |
|---|---|
| ich saufe | ich saufe |
| du säufst | du saufest |
| er säuft | er saufe |
| wir saufen | wir saufen |
| ihr sauft | ihr saufet |
| sie saufen | sie saufen |

| **Imperfect indicative** | **Imperfect subjunctive** |
|---|---|
| ich soff | ich söffe |
| du soffst | du söffest |
| er soff | er söffe |
| wir soffen | wir söffen |
| ihr sofft | ihr söffet |
| sie soffen | sie söffen |

| **Perfect indicative** | **Future indicative** |
|---|---|
| ich habe gesoffen | ich werde saufen |
| du hast gesoffen | du wirst saufen |
| er hat gesoffen | er wird saufen |
| wir haben gesoffen | wir werden saufen |
| ihr habt gesoffen | ihr werdet saufen |
| sie haben gesoffen | sie werden saufen |

| **Pluperfect indicative** | **Conditional** |
|---|---|
| ich hatte gesoffen | ich würde saufen |
| du hattest gesoffen | du würdest saufen |
| er hatte gesoffen | er würde saufen |
| wir hatten gesoffen | wir würden saufen |
| ihr hattet gesoffen | ihr würdet saufen |
| sie hatten gesoffen | sie würden saufen |

TO EAT *essen*
**Present participle** *essend*
**Past participle** *gegessen*
**Imperative** iß! essen wir! eßt! essen Sie!

---

| **Present indicative** | **Present subjunctive** |
| --- | --- |
| ich esse | ich esse |
| du ißt | du essest |
| er ißt | er esse |
| wir essen | wir essen |
| ihr eßt | ihr esset |
| sie essen | sie essen |

| **Imperfect indicative** | **Imperfect subjunctive** |
| --- | --- |
| ich aß | ich äße |
| du aßest | du äßest |
| er aß | er äße |
| wir aßen | wir äßen |
| ihr aßt | ihr äßet |
| sie aßen | sie äßen |

| **Perfect indicative** | **Future indicative** |
| --- | --- |
| ich habe gegessen | ich werde essen |
| du hast gegessen | du wirst essen |
| er hat gegessen | er wird essen |
| wir haben gegessen | wir werden essen |
| ihr habt gegessen | ihr werdet essen |
| sie haben gegessen | sie werden essen |

| **Pluperfect indicative** | **Conditional** |
| --- | --- |
| ich hatte gegessen | ich würde essen |
| du hattest gegessen | du würdest essen |
| er hatte gegessen | er würde essen |
| wir hatten gegessen | wir würden essen |
| ihr hattet gegessen | ihr würdet essen |
| sie hatten gegessen | sie würden essen |

TO EAT (of animals) *fressen*
**Present participle** *fressend*
**Past participle** *gefressen*
**Imperative** friß! fressen wir! freßt! fressen Sie!

---

**Present indicative**
ich fresse
du frißt
er frißt
wir fressen
ihr freßt
sie fressen

**Present subjunctive**
ich fresse
du fressest
er fresse
wir fressen
ihr fresset
sie fressen

**Imperfect indicative**
ich fraß
du fraßest
er fraß
wir fraßen
ihr fraßt
sie fraßen

**Imperfect subjunctive**
ich fräße
du fräßest
er fräße
wir fräßen
ihr fräßet
sie fräßen

**Perfect indicative**
ich habe gefressen
du hast gefressen
er hat gefressen
wir haben gefressen
ihr habt gefressen
sie haben gefressen

**Future indicative**
ich werde fressen
du wirst fressen
er wird fressen
wir werden fressen
ihr werdet fressen
sie werden fressen

**Pluperfect indicative**
ich hatte gefressen
du hattest gefressen
er hatte gefressen
wir hatten gefressen
ihr hattet gefressen
sie hatten gefressen

**Conditional**
ich würde fressen
du würdest fressen
er würde fressen
wir würden fressen
ihr würdet fressen
sie würden fressen

TO END *enden*
**Present participle** *endend*
**Past participle** *geendet*
**Imperative** ende! enden wir! endet! enden Sie!

**Present indicative**
ich ende
du endest
er endet
wir enden
ihr endet
sie enden

**Present subjunctive**
ich ende
du endest
er ende
wir enden
ihr endet
sie enden

**Imperfect indicative**
ich endete
du endetest
er endete
wir endeten
ihr endetet
sie endeten

**Imperfect subjunctive**
ich endete
du endetest
er endete
wir endeten
ihr endetet
sie endeten

**Perfect indicative**
ich habe geendet
du hast geendet
er hat geendet
wir haben geendet
ihr habt geendet
sie haben geendet

**Future indicative**
ich werde enden
du wirst enden
er wird enden
wir werden enden
ihr werdet enden
sie werden enden

**Pluperfect indicative**
ich hatte geendet
du hattest geendet
er hatte geendet
wir hatten geendet
ihr hattet geendet
sie hatten geendet

**Conditional**
ich würde enden
du würdest enden
er würde enden
wir würden enden
ihr würdet enden
sie würden enden

TO ENJOY *genießen*
**Present participle** *genießend*
**Past participle** *genossen*
**Imperative** geieß(e)! genießen wir! genießt!
genießen Sie!

| Present indicative | Present subjunctive |
|---|---|
| ich genieße | ich genieße |
| du genießest | du genießest |
| er genießet | er genieße |
| wir genießen | wir genießen |
| ihr genießet | ihr genießet |
| sie genießen | sie genießen |

| Imperfect indicative | Imperfect subjunctive |
|---|---|
| ich genoß | ich genösse |
| du genossest | du genössest |
| er genoß | er genösse |
| wir genossen | wir genössen |
| ihr genoßt | ihr genösset |
| sie genossen | sie genössen |

| Perfect indicative | Future indicative |
|---|---|
| ich habe genossen | ich werde genießen |
| du hast genossen | du wirst genießen |
| er hat genossen | er wird genießen |
| wir haben genossen | wir werden genießen |
| ihr habt genossen | ihr werdet genießen |
| sie haben genossen | sie werden genießen |

| Pluperfect indicative | Conditional |
|---|---|
| ich hatte genossen | ich würde genießen |
| du hattest genossen | du würdest genießen |
| er hatte genossen | er würde genießen |
| wir hatten genossen | wir würden genießen |
| ihr hattet genossen | ihr würdet genießen |
| sie hatten genossen | sie würden genießen |

TO EXCUSE, PARDON *verzeihen*
**Present participle** *verzeihend*
**Past participle** *verziehen*
**Imperative** verzeih(e)! verzeihen wir! verzeiht!
verzeihen Sie!

**Present indicative**
ich verzeihe
du verzeihst
er verzeiht
wir verzeihen
ihr verzeiht
sie verzeihen

**Present subjunctive**
ich verzeihe
du verzeihest
er verzeihe
wir verzeihen
ihr verzeihet
sie verzeihen

**Imperfect indicative**
ich verzieh
du verziehst
er verzieh
wir verziehen
ihr verzieht
sie verziehen

**Imperfect subjunctive**
ich verziehe
du verziehest
er verziehe
wir verziehen
ihr verziehet
sie verziehen

**Perfect indicative**
ich habe verziehen
du hast verziehen
er hat verziehen
wir haben verziehen
ihr habt verziehen
sie haben verziehen

**Future indicative**
ich werde verzeihen
du wirst verzeihen
er wird verzeihen
wir werden verzeihen
ihr werdet verzeihen
sie werden verzeihen

**Pluperfect indicative**
ich hatte verziehen
du hattest verziehen
er hatte verziehen
wir hatten verziehen
ihr hattet verziehen
sie hatten verziehen

**Conditional**
ich würde verzeihen
du würdest verzeihen
er würde verzeihen
wir würden verzeihen
ihr würdet verzeihen
sie würden verzeihen

TO EXPLORE *forschen*
**Present participle** *forschend*
**Past participle** *geforscht*
**Imperative** forsch(e)! forschen wir! forscht!
forschen Sie!

| **Present indicative** | **Present subjunctive** |
|---|---|
| ich forsche | ich forsche |
| du forschst | du forschest |
| er forscht | er forsche |
| wir forschen | wir forschen |
| ihr forscht | ihr forschet |
| sie forschen | sie forschen |

| **Imperfect indicative** | **Imperfect subjunctive** |
|---|---|
| ich forschte | ich forschte |
| du forschtest | du forschtest |
| er forschte | er forschte |
| wir forschten | wir forschten |
| ihr forschtet | ihr forschtet |
| sie forschten | sie forschten |

| **Perfect indicative** | **Future indicative** |
|---|---|
| ich habe geforscht | ich werde forschen |
| du hast geforscht | du wirst forschen |
| er hat geforscht | er wird forschen |
| wir haben geforscht | wir werden forschen |
| ihr habt geforscht | ihr werdet forschen |
| sie haben geforscht | sie werden forschen |

| **Pluperfect indicative** | **Conditional** |
|---|---|
| ich hatte geforscht | ich würde forschen |
| du hattest geforscht | du würdest forschen |
| er hatte geforscht | er würde forschen |
| wir hatten geforscht | wir würden forschen |
| ihr hattet geforscht | ihr würdet forschen |
| sie hatten geforscht | sie würden forschen |

TO FAIL *scheitern*
**Present participle** *scheiternd*
**Past participle** *gescheitert*
**Imperative** scheiter(e)! scheitern wir! scheitert!
scheitern Sie!

| **Present indicative** | **Present subjunctive** |
|---|---|
| ich scheitere | ich scheitere |
| du scheiterst | du scheiterst |
| er scheitert | er scheitere |
| wir scheitern | wir scheitern |
| ihr scheitert | ihr scheitert |
| sie scheitern | sie scheitern |

| **Imperfect indicative** | **Imperfect subjunctive** |
|---|---|
| ich scheiterte | ich scheiterte |
| du scheitertest | du scheitertest |
| er scheiterte | er scheiterte |
| wir scheiterten | wir scheiterten |
| ihr scheitertet | ihr scheitertet |
| sie scheiterten | sie scheiterten |

| **Perfect indicative** | **Future indicative** |
|---|---|
| ich bin gescheitert | ich werde scheitern |
| du bist gescheitert | du wirst scheitern |
| er ist gescheitert | er wird scheitern |
| wir sind gescheitert | wir werden scheitern |
| ihr seid gescheitert | ihr werdet scheitern |
| sie sind gescheitert | sie werden scheitern |

| **Pluperfect indicative** | **Conditional** |
|---|---|
| ich war gescheitert | ich würde scheitern |
| du warst gescheitert | du würdest scheitern |
| er war gescheitert | er würde scheitern |
| wir waren gescheitert | wir würden scheitern |
| ihr wart gescheitert | ihr würdet scheitern |
| sie waren gescheitert | sie würden scheitern |

TO FALL *fallen*
**Present participle** *fallend*
**Past participle** *gefallen*
**Imperative** fall(e)! fallen wir! fallt! fallen Sie!

**Present indicative**
ich falle
du fällst
er fällt
wir fallen
ihr fallt
sie fallen

**Present subjunctive**
ich falle
du fallest
er falle
wir fallen
ihr fallet
sie fallen

**Imperfect indicative**
ich fiel
du fielst
er fiel
wir fielen
ihr fielt
sie fielen

**Imperfect subjunctive**
ich fiele
du fielest
er fiele
wir fielen
ihr fielet
sie fielen

**Perfect indicative**
ich bin gefallen
du bist gefallen
er ist gefallen
wir sind gefallen
ihr seid gefallen
sie sind gefallen

**Future indicative**
ich werde fallen
du wirst fallen
er wird fallen
wir werden fallen
ihr werdet fallen
sie werden fallen

**Pluperfect indicative**
ich war gefallen
du warst gefallen
er war gefallen
wir waren gefallen
ihr wart gefallen
sie waren gefallen

**Conditional**
ich würde fallen
du würdest fallen
er würde fallen
wir würden fallen
ihr würdet fallen
sie würden fallen

TO FEEL *fühlen*
**Present participle** *fühlend*
**Past participle** *gefühlt*
**Imperative** fühl(e)! fühlen wir! fühlt! fühlen Sie!

**Present indicative**
ich fühle
du fühlst
er fühlt
wir fühlen
ihr fühlt
sie fühlen

**Present subjunctive**
ich fühle
du fühlest
er fühle
wir fühlen
ihr fühlet
sie fühlen

**Imperfect indicative**
ich fühlte
du fühltest
er fühlte
wir fühlten
ihr fühltet
sie fühlten

**Imperfect subjunctive**
ich fühlte
du fühltest
er fühlte
wir fühlten
ihr fühltet
sie fühlten

**Perfect indicative**
ich habe gefühlt
du hast gefühlt
er hat gefühlt
wir haben gefühlt
ihr habt gefühlt
sie haben gefühlt

**Future indicative**
ich werde fühlen
du wirst fühlen
er wird fühlen
wir werden fühlen
ihr werdet fühlen
sie werden fühlen

**Pluperfect indicative**
ich hatte gefühlt
du hattest gefühlt
er hatte gefühlt
wir hatten gefühlt
ihr hattet gefühlt
sie hatten gefühlt

**Conditional**
ich würde fühlen
du würdest fühlen
er würde fühlen
wir würden fühlen
ihr würdet fühlen
sie würden fühlen

TO FENCE *fechten*
**Present participle** *fechtend*
**Past participle** *gefochten*
**Imperative** ficht! fechten wir! fechtet! fechten Sie!

| **Present indicative** | **Present subjunctive** |
|---|---|
| ich fechte | ich fechte |
| du fichtst | du fechtest |
| er ficht | er fechte |
| wir fechten | wir fechten |
| ihr fechtet | ihr fechtet |
| sie fechten | sie fechten |

| **Imperfect indicative** | **Imperfect subjunctive** |
|---|---|
| ich focht | ich föchte |
| du fochtest | du föchtest |
| er focht | er föchte |
| wir fochten | wir föchten |
| ihr fochtet | ihr föchtet |
| sie fochten | sie föchten |

| **Perfect indicative** | **Future indicative** |
|---|---|
| ich habe gefochten | ich werde fechten |
| du hast gefochten | du wirst fechten |
| er hat gefochten | er wird fechten |
| wir haben gefochten | wir werden fechten |
| ihr habt gefochten | ihr werdet fechten |
| sie haben gefochten | sie werden fechten |

| **Pluperfect indicative** | **Conditional** |
|---|---|
| ich hatte gefochten | ich würde fechten |
| du hattest gefochten | du würdest fechten |
| er hatte gefochten | er würde fechten |
| wir hatten gefochten | wir würden fechten |
| ihr hattet gefochten | ihr würdet fechten |
| sie hatten gefochten | sie würden fechten |

TO FETCH *holen*
**Present participle** *holend*
**Past participle** *geholt*
**Imperative** hol(e)! holen wir! holt! holen Sie!

---

**Present indicative**
ich hole
du holst
er holt
wir holen
ihr holt
sie holen

**Present subjunctive**
ich hole
du holest
er hole
wir holen
ihr holet
sie holen

**Imperfect indicative**
ich holte
du holtest
er holte
wir holten
ihr holtet
sie holten

**Imperfect subjunctive**
ich holte
du holtest
er holte
wir holten
ihr holtet
sie holten

**Perfect indicative**
ich habe geholt
du hast geholt
er hat geholt
wir haben geholt
ihr habt geholt
sie haben geholt

**Future indicative**
ich werde holen
du wirst holen
er wird holen
wir werden holen
ihr werdet holen
sie werden holen

**Pluperfect indicative**
ich hatte geholt
du hattest geholt
er hatte geholt
wir hatten geholt
ihr hattet geholt
sie hatten geholt

**Conditional**
ich würde holen
du würdest holen
er würde holen
wir würden holen
ihr würdet holen
sie würden holen

TO FIND *finden*
**Present participle** *findend*
**Past participle** *gefunden*
**Imperative** find(e)! finden wir! findet! finden Sie!

---

**Present indicative**
ich finde
du findest
er findet
wir finden
ihr findet
sie finden

**Present subjunctive**
ich finde
du findest
er finde
wir finden
ihr findet
sie finden

**Imperfect indicative**
ich fand
du fand(e)st
er fand
wir fanden
ihr fandet
sie fanden

**Imperfect subjunctive**
ich fände
du fändest
er fände
wir fänden
ihr fändet
sie fänden

**Perfect indicative**
ich habe gefunden
du hast gefunden
er hat gefunden
wir haben gefunden
ihr habt gefunden
sie haben gefunden

**Future indicative**
ich werde finden
du wirst finden
er wird finden
wir werden finden
ihr werdet finden
sie werden finden

**Pluperfect indicative**
ich hatte gefunden
du hattest gefunden
er hatte gefunden
wir hatten gefunden
ihr hattet gefunden
sie hatten gefunden

**Conditional**
ich würde finden
du würdest finden
er wiirde finden
wir würden finden
ihr würdet finden
sie würden finden

TO FLEE *fliehen*
**Present participle** *fliehend*
**Past participle** *geflohen*
**Imperative** flieh(e)! fliehen wir! flieht! fliehen Sie!

| Present indicative | Present subjunctive |
|---|---|
| ich fliehe | ich fliehe |
| du fliehst | du fliehest |
| er flieht | er fliehe |
| wir fliehen | wir fliehen |
| ihr flieht | ihr fliehet |
| sie fliehen | sie fliehen |

| Imperfect indicative | Imperfect subjunctive |
|---|---|
| ich floh | ich flöhe |
| du flohst | du flöhest |
| er floh | er flöhe |
| wir flohen | wir flöhen |
| ihr floht | ihr flöhet |
| sie flohen | sie flöhen |

| Perfect indicative | Future indicative |
|---|---|
| ich bin geflohen | ich werde fliehen |
| du bist geflohen | du wirst fliehen |
| er ist geflohen | er wird fliehen |
| wir sind geflohen | wir werden fliehen |
| ihr seid geflohen | ihr werdet fliehen |
| sie sind geflohen | sie werden fliehen |

| Pluperfect indicative | Conditional |
|---|---|
| ich war geflohen | ich würde fliehen |
| du warst geflohen | du würdest fliehen |
| er war geflohen | er würde fliehen |
| wir waren geflohen | wir würden fliehen |
| ihr wart geflohen | ihr würdet fliehen |
| sie waren geflohen | sie würden fliehen |

TO FLOAT, DRIFT *treiben*
**Present participle** *treibend*
**Past participle** *getrieben*
**Imperative** treib(e)! treiben wir! treibt! treiben
Sie!

| **Present indicative** | **Present subjunctive** |
|---|---|
| ich treibe | ich treibe |
| du treibst | du treibest |
| er treibt | er treibe |
| wir treiben | wir treiben |
| ihr treibt | ihr treibet |
| sie treiben | sie treiben |

| **Imperfect indicative** | **Imperfect subjunctive** |
|---|---|
| ich trieb | ich triebe |
| du triebst | du triebest |
| er trieb | er triebe |
| wir trieben | wir trieben |
| ihr triebt | ihr triebet |
| sie trieben | sie trieben |

| **Perfect indicative** | **Future indicative** |
|---|---|
| ich habe getrieben | ich werde treiben |
| du hast getrieben | du wirst treiben |
| er hat getrieben | er wird treiben |
| wir haben getrieben | wir werden treiben |
| ihr habt getrieben | ihr werdet treiben |
| sie haben getrieben | sie werden treiben |

| **Pluperfect indicative** | **Conditional** |
|---|---|
| ich hatte getrieben | ich würde treiben |
| du hattest getrieben | du würdest treiben |
| er hatte getrieben | er würde treiben |
| wir hatten getrieben | wir würden treiben |
| ihr hattet getrieben | ihr würdet treiben |
| sie hatten getrieben | sie würden treiben |

TO FLOW *fließen*
**Present participle** *fließend*
**Past participle** *geflossen*
**Imperative** fließ(e)! fließen wir! fließt! fließen Sie!

---

**Present indicative**
ich fließe
du fließt
er fließt
wir fließen
ihr fließt
sie fließen

**Present subjunctive**
ich fließe
du fließest
er fließe
wir fließen
ihr fließet
sie fließen

**Imperfect indicative**
ich floß
du flossest
er floß
wir floßen
ihr floßt
sie floßen

**Imperfect subjunctive**
ich flösse
du flössest
er flösse
wir flössen
ihr flösset
sie flössen

**Perfect indicative**
ich bin geflossen
du bist geflossen
er ist geflossen
wir sind geflossen
ihr seid geflossen
sie sind geflossen

**Future indicative**
ich werde fließen
du wirst fließen
er wird fließen
wir werden fließen
ihr werdet fließen
sie werden fließen

**Pluperfect indicative**
ich war geflossen
du warst geflossen
er war geflossen
wir waren geflossen
ihr wart geflossen
sie waren geflossen

**Conditional**
ich würde fließen
du würdest fließen
er würde fließen
wir würden fließen
ihr würdet fließen
sie würden fließen

TO FLOW, TRICKLE *rinnen*
**Present participle** *rinnend*
**Past participle** *geronnen*
**Imperative** rinn! rinnen wir! rinnt! rinnen Sie!

**Present indicative**
ich rinne
du rinnst
er rinnt
wir rinnen
ihr rinnt
sie rinnen

**Present subjunctive**
ich rinne
du rinnest
er rinne
wir rinnen
ihr rinnet
sie rinnen

**Imperfect indicative**
ich rann
du rannst
er rann
wir rannen
ihr rannt
sie rannen

**Imperfect subjunctive**
ich ränne
du rännest
er ränne
wir rännen
ihr rännet
sie rännen

**Perfect indicative**
ich bin geronnen
du bist geronnen
er ist geronnen
wir sind geronnen
ihr seid geronnen
sie sind geronnen

**Future indicative**
ich werde rinnen
du wirst rinnen
er wird rinnen
wir werden rinnen
ihr werdet rinnen
sie werden rinnen

**Pluperfect indicative**
ich war geronnen
du warst geronnen
er war geronnen
wir waren geronnen
ihr wart geronnen
sie waren geronnen

**Conditional**
ich würde rinnen
du würdest rinnen
er würde rinnen
wir würden rinnen
ihr würdet rinne
sie würden rinnen

TO FLY *fliegen*
**Present participle** *fliegend*
**Past participle** *geflogen* (can alternatively be used with the auxiliary '*sein*')
**Imperative** flieg(e)! fliegen wir! fliegt! fliegen Sie!

| **Present indicative** | **Present subjunctive** |
|---|---|
| ich fliege | ich fliege |
| du fliegst | du fliegest |
| er fliegt | er fliege |
| wir fliegen | wir fliegen |
| ihr fliegt | ihr flieget |
| sie fliegen | sie fliegen |

| **Imperfect indicative** | **Imperfect subjunctive** |
|---|---|
| ich flog | ich flöge |
| du flogst | du flögest |
| er flog | er flöge |
| wir flogen | wir flögen |
| ihr flogt | ihr flöget |
| sie flogen | sie flögen |

| **Perfect indicative** | **Future indicative** |
|---|---|
| ich habe geflogen | ich werde fliegen |
| du hast geflogen | du wirst fliegen |
| er hat geflogen | er wird fliegen |
| wir haben geflogen | wir werden fliegen |
| ihr habt geflogen | ihr werdet fliegen |
| sie haben geflogen | sie werden fliegen |

| **Pluperfect indicative** | **Conditional** |
|---|---|
| ich hatte geflogen | ich würde fliegen |
| du hattest geflogen | du würdest fliegen |
| er hatte geflogen | er würde fliegen |
| wir hatten geflogen | wir würden fliegen |
| ihr hattet geflogen | ihr würdet fliegen |
| sie hatten geflogen | sie würden fliegen |

TO FORGET *vergessen*
**Present participle** *vergessend*
**Past participle** *vergessen*
**Imperative** vergiß! vergessen wir! vergeßt! vergessen Sie!

| **Present indicative** | **Present subjunctive** |
| --- | --- |
| ich vergesse | ich vergesse |
| du vergißt | du vergessest |
| er vergißt | er vergesse |
| wir vergessen | wir vergessen |
| ihr vergeßt | ihr vergesset |
| sie vergessen | sie vergessen |

| **Imperfect indicative** | **Imperfect subjunctive** |
| --- | --- |
| ich vergaß | ich vergäße |
| du vergaßest | du vergäßest |
| er vergaß | er vergäße |
| wir vergaßen | wir vergäßen |
| ihr vergaßt | ihr vergäßet |
| sie vergaßen | sie vergäßen |

| **Perfect indicative** | **Future indicative** |
| --- | --- |
| ich habe vergessen | ich werde vergessen |
| du hast vergessen | du wirst vergessen |
| er hat vergessen | er wird vergessen |
| wir haben vergessen | wir werden vergessen |
| ihr habt vergessen | ihr werdet vergessen |
| sie haben vergessen | sie werden vergessen |

| **Pluperfect indicative** | **Conditional** |
| --- | --- |
| ich hatte vergessen | ich würde vergessen |
| du hattest vergessen | du würdest vergessen |
| er hatte vergessen | er würde vergessen |
| wir hatten vergessen | wir würden vergessen |
| ihr hattet vergessen | ihr würdet vergessen |
| sie hatten vergessen | sie würden vergessen |

TO FREEZE, TO BE COLD *frieren*
**Present participle** *frierend*
**Past participle** *gefroren* (can be used with the
auxiliary '*sein*' to mean 'to be frozen')
**Imperative** frier(e)! frieren wir! friert! frieren Sie!

| **Present indicative** | **Present subjunctive** |
| --- | --- |
| ich friere | ich friere |
| du frierst | du frierest |
| er friert | er friere |
| wir frieren | wir frieren |
| ihr friert | ihr frieret |
| sie frieren | sie frieren |

| **Imperfect indicative** | **Imperfect subjunctive** |
| --- | --- |
| ich fror | ich fröre |
| du frort | du frörest |
| er fror | er fröre |
| wir froren | wir frören |
| ihr frort | ihr fröret |
| sie froren | sie frören |

| **Perfect indicative** | **Future indicative** |
| --- | --- |
| ich habe gefroren | ich werde frieren |
| du hast gefroren | du wirst frieren |
| er hat gefroren | er wird frieren |
| wir haben gefroren | wir werden frieren |
| ihr habt gefroren | ihr werdet frieren |
| sie haben gefroren | sie werden frieren |

| **Pluperfect indicative** | **Conditional** |
| --- | --- |
| ich hatte gefroren | ich würde frieren |
| du  hattest gefroren | du würdest frieren |
| er hatte gefroren | er würde frieren |
| wir hatten gefroren | wir würden frieren |
| ihr hattet gefroren | ihr würdet frieren |
| sie hatten gefroren | sie würden frieren |

TO FRY, ROAST *braten*
**Present participle** *bratend*
**Past participle** *gebraten*
**Imperative** brat(e)! braten wir! bratet! braten Sie!

---

**Present indicative**
ich brate
du brätst
er brät
wir braten
ihr bratet
sie braten

**Present subjunctive**
ich brate
du bratest
er brate
wir braten
ihr bratet
sie braten

**Imperfect indicative**
ich briet
du briet(e)st
er briet
wir brieten
ihr brietet
sie brieten

**Imperfect subjunctive**
ich briete
du brietest
er briete
wir brieten
ihr brietet
sie brieten

**Perfect indicative**
ich habe gebraten
du hast gebraten
er hat gebraten
wir haben gebraten
ihr habt gebraten
sie haben gebraten

**Future indicative**
ich werde braten
du wirst braten
er wird braten
wir werden braten
ihr werdet braten
sie werden braten

**Pluperfect indicative**
ich hatte gebraten
du hattest gebraten
er hatte gebraten
wir hatten gebraten
ihr hattet gebraten
sie hatten gebraten

**Conditional**
ich würde braten
du würdest braten
er würde braten
wir würden braten
ihr würdet braten
sie würden braten

TO GET (into debt, etc), to turn out *geraten*
**Present participle** *geratend*
**Past participle** *geraten*
**Imperative** gerat(e)! geraten wir! geratet! geraten
Sie!

**Present indicative**
ich gerate
du gerätst
er gerät
wir geraten
ihr geratet
sie geraten

**Present subjunctive**
ich gerate
du geratest
er gerate
wir geraten
ihr geratet
sie geraten

**Imperfect indicative**
ich geriet
du geriet(e)st
er geriet
wir gerieten
ihr gerietet
sie gerieten

**Imperfect subjunctive**
ich geriete
du gerietest
er geriete
wir gerieten
ihr gerietet
sie gerieten

**Perfect indicative**
ich bin geraten
du bist geraten
er ist geraten
wir sind geraten
ihr seid geraten
sie sind geraten

**Future indicative**
ich werde geraten
du wirst geraten
er wird geraten
wir werden geraten
ihr werdet geraten
sie werden geraten

**Pluperfect indicative**
ich war geraten
du warst geraten
er war geraten
wir waren geraten
ihr wart geraten
sie waren geraten

**Conditional**
ich würde geraten
du würdest geraten
er würde geraten
wir würden geraten
ihr würdet geraten
sie würden geraten

TO GET MARRIED *heiraten*
**Present participle** *heiratend*
**Past participle** *geheiratet*
**Imperative** heirate! heiraten wir! heiratet!
heiraten Sie!

---

**Present indicative**
ich heirate
du heiratest
er heiratet
wir heiraten
ihr heiratet
sie heiraten

**Present subjunctive**
ich heirate
du heiratest
er heirate
wir heiraten
ihr heiratet
sie heiraten

**Imperfect indicative**
ich heiratete
du heiratetest
er heiratete
wir heirateten
ihr heiratetet
sie heirateten

**Imperfect subjunctive**
ich heiratete
du heiratetest
er heiratete
wir heirateten
ihr heiratetet
sie heirateten

**Perfect indicative**
ich habe geheiratet
du hast geheiratet
er hat geheiratet
wir haben geheiratet
ihr habt geheiratet
sie haben geheiratet

**Future indicative**
ich werde heiraten
du wirst heiraten
er wird heiraten
wir werden heiraten
ihr werdet heiraten
sie werden heiraten

**Pluperfect indicative**
ich hatte geheiratet
du hattest geheiratet
er hatte geheiratet
wir hatten geheiratet
ihr hattet geheiratet
sie hatten geheiratet

**Conditional**
ich würde heiraten
du würdest heiraten
er würde heiraten
wir würden heiraten
ihr würdet heiraten
sie würden heiraten

TO GIVE *geben*
**Present participle** *gebend*
**Past participle** *gegeben*
**Imperative** gib! geben wir! gebt! geben Sie!

---

**Present indicative**
ich gebe
du gibst
er gibt
wir geben
ihr gebt
sie geben

**Present subjunctive**
ich gebe
du gebest
er gebe
wir geben
ihr gebet
sie geben

**Imperfect indicative**
ich gab
du gabst
er gab
wir gaben
ihr gabt
sie gaben

**Imperfect subjunctive**
ich gäbe
du gäbest
er gäbe
wir gäben
ihr gäbet
sie gäben

**Perfect indicative**
ich habe gegeben
du hast gegeben
er hat gegeben
wir haben gegeben
ihr habt gegeben
sie haben gegeben

**Future indicative**
ich werde geben
du wirst geben
er wird geben
wir werden geben
ihr werdet geben
sie werden geben

**Pluperfect indicative**
ich hatte gegeben
du hattest gegeben
er hatte gegeben
wir hatten gegeben
ihr hattet gegeben
sie hatten gegeben

**Conditional**
ich würde geben
du w'rdest geben
er würde geben
wir würden geben
ihr würdet geben
sie würden geben

TO GIVE BIRTH *gebären*
**Present participle** *gebärend*
**Past participle** *geboren*
**Imperative** gebier! gebären wir! gebärt! gebären
Sie!

| Present indicative | Present subjunctive |
|---|---|
| ich gebäre | ich gebäre |
| du gebierst | du gebärest |
| er gebiert | er gebäre |
| wir gebären | wir gebären |
| ihr gebärt | ihr gebäret |
| sie gebären | sie gebären |

| Imperfect indicative | Imperfect subjunctive |
|---|---|
| ich gebar | ich gebäre |
| du gebarst | du gebärest |
| er gebar | er gebäre |
| wir gebaren | wir gebären |
| ihr gebart | ihr gebäret |
| sie gebaren | sie gebären |

| Perfect indicative | Future indicative |
|---|---|
| ich habe geboren | ich werde gebären |
| du hast geboren | du wirst gebären |
| er hat geboren | er wird gebären |
| wir haben geboren | wir werden gebären |
| ihr habt geboren | ihr werdet gebären |
| sie haben geboren | sie werden gebären |

| Pluperfect indicative | Conditional |
|---|---|
| ich hatte geboren | ich würde gebären |
| du hattest geboren | du würdest gebären |
| er hatte geboren | er würde gebären |
| wir hatten geboren | wir würden gebären |
| ihr hattet geboren | ihr würdet gebären |
| sie hatten geboren | sie würden gebären |

TO GLIDE, SLIDE *gleiten*
**Present participle** *gleitend*
**Past participle** *geglitten*
**Imperative** gleit(e)! gleiten wir! gleitet! gleiten Sie!

---

**Present indicative**
ich gleite
du gleitest
er gleitet
wir gleiten
ihr gleitet
sie gleiten

**Present subjunctive**
ich gleite
du gleitest
er gleite
wir gleiten
ihr gleitet
sie gleiten

**Imperfect indicative**
ich glitt
du glitt(e)st
er glitt
wir glitten
ihr glittet
sie glitten

**Imperfect subjunctive**
ich glitte
du glittest
er glitte
wir glitten
ihr glittet
sie glitten

**Perfect indicative**
ich bin geglitten
du bist geglitten
er ist geglitten
wir sind geglitten
ihr seid geglitten
sie sind geglitten

**Future indicative**
ich werde gleiten
du wirst gleiten
er wird gleiten
wir werden gleiten
ihr werdet gleiten
sie werden gleiten

**Pluperfect indicative**
ich war geglitten
du warst geglitten
er war geglitten
wir waren geglitten
ihr wart geglitten
sie waren geglitten

**Conditional**
ich würde gleiten
du würdest gleiten
er würde gleiten
wir würden gleiten
ihr würdet gleiten
sie würden gleiten

TO GO *gehen*

**Present participle** *gehend*
**Past participle** *gegangen*
**Imperative** geh(e)! gehen wir! geht! gehen Sie!

**Present indicative**
ich gehe
du gehst
er geht
wir gehen
ihr geht
sie gehen

**Present subjunctive**
ich gehe
du gehest
er gehe
wir gehen
ihr gehet
sie gehen

**Imperfect indicative**
ich ging
du gingst
er ging
wir gingen
ihr gingt
sie gingen

**Imperfect subjunctive**
ich ginge
du gingest
er ginge
wir gingen
ihr ginget
sie gingen

**Perfect indicative**
ich bin gegangen
du bist gegangen
er ist gegangen
wir sind gegangen
ihr seid gegangen
sie sind gegangen

**Future indicative**
ich werde gehen
du wirst gehen
er wird gehen
wir werden gehen
ihr werdet gehen
sie werden gehen

**Pluperfect indicative**
ich war gegangen
du warst gegangen
er war gegangen
wir waren gegangen
ihr wart gegangen
sie waren gegangen

**Conditional**
ich würde gehen
du würdest gehen
er würde gehen
wir würden gehen
ihr würdet gehen
sie würden gehen

TO GO OUT (of lights) *erlöschen*
**Present participle** *erlöschend*
**Past participle** *erloschen*
**Imperative** erlisch! erlöschen wir! erlöscht!
erlöschen Sie!

**Present indicative**
ich erlösche
du erlischst
er erlischt
wir erlöschen
ihr erlöscht
sie erlöschen

**Present subjunctive**
ich erlösche
du erlöschest
er erlösche
wir erlöschen
ihr erlöschet
sie erlöschen

**Imperfect indicative**
ich erlosch
du erlosch(e)st
er erlosch
wir erloschen
ihr erloscht
sie erloschen

**Imperfect subjunctive**
ich erlösche
du erlöschest
er erlösche
wir erlöschen
ihr erlöschet
sie erlöschen

**Perfect indicative**
ich bin erloschen
du bist erloschen
er ist erloschen
wir sind erloschen
ihr seid erloschen
sie sind erloschen

**Future indicative**
ich werde erlöschen
du wirst erlöschen
er wird erlöschen
wir werden erlöschen
ihr werdet erlöschen
sie werden erlöschen

**Pluperfect indicative**
ich war erloschen
du warst erloschen
er war erloschen
wir waren erloschen
ihr wart erloschen
sie waren erloschen

**Conditional**
ich würde erlöschen
du würdest erlöschen
er würde erlöschen
wir würden erlöschen
ihr würdet erlöschen
sie würden erlöschen

TO GO, TRAVEL, DRIVE *fahren*
**Present participle** *fahrend*
**Past participle** *gefahren* (can alternatively be used with the auxiliary '*haben*')
**Imperative** fahr(e)! fahren wir! fahrt! fahren Sie!

| **Present indicative** | **Present subjunctive** |
|---|---|
| ich fahre | ich fahre |
| du fährst | du fahrest |
| er fährt | er fahre |
| wir fahren | wir fahren |
| ihr fahrt | ihr fahret |
| sie fahren | sie fahren |

| **Imperfect indicative** | **Imperfect subjunctive** |
|---|---|
| ich fuhr | ich führe |
| du fuhrst | du führest |
| er fuhr | er führe |
| wir fuhren | wir führen |
| ihr fuhrt | ihr führet |
| sie fuhren | sie führen |

| **Perfect indicative** | **Future indicative** |
|---|---|
| ich bin gefahren | ich werde fahren |
| du bist gefahren | du wirst fahren |
| er ist gefahren | er wird fahren |
| wir sind gefahren | wir werden fahren |
| ihr seid gefahren | ihr werdet fahren |
| sie sind gefahren | sie werden fahren |

| **Pluperfect indicative** | **Conditional** |
|---|---|
| ich war gefahren | ich würde fahren |
| du warst gefahren | du würdest fahren |
| er war gefahren | er würde fahren |
| wir waren gefahren | wir würden fahren |
| ihr wart gefahren | ihr würdet fahren |
| sie waren gefahren | sie würden fahren |

TO GRAB, SIEZE *greifen*
**Present participle** *greifend*
**Past participle** *gegriffen*
**Imperative** greif(e)! greifen wir! greift! greifen Sie!

## Present indicative
ich greife
du greifst
er greift
wir greifen
ihr greift
sie greifen

## Present subjunctive
ich greife
du greifest
er greife
wir greifen
ihr greifet
sie greifen

## Imperfect indicative
ich griff
du griffst
er griff
wir griffen
ihr grifft
sie griffen

## Imperfect subjunctive
ich griffe
du griffest
er griffe
wir griffen
ihr griffet
sie griffen

## Perfect indicative
ich habe gegriffen
du hast gegriffen
er hat gegriffen
wir haben gegriffen
ihr habt gegriffen
sie haben gegriffen

## Future indicative
ich werde greifen
du wirst greifen
er wird greifen
wir werden greifen
ihr werdet greifen
sie werden greifen

## Pluperfect indicative
ich hatte gegriffen
du hattest gegriffen
er hatte gegriffen
wir hatten gegriffen
ihr hattet gegriffen
sie hatten gegriffen

## Conditional
ich würde greifen
du würdest greifen
er würde greifen
wir würden greifen
ihr würdet greifen
sie würden greifen

TO GRIND *mahlen*
**Present participle** *mahlend*
**Past participle** *gemahlen*
**Imperative** mahl(e)! mahlen wir! mahlt! mahlen Sie!

**Present indicative**
ich mahle
du mahlst
er mahlt
wir mahlen
ihr mahlt
sie mahlen

**Present subjunctive**
ich mahle
du mahlest
er mahle
wir mahlen
ihr mahlet
sie mahlen

**Imperfect indicative**
ich mahlte
du mahltest
er mahlte
wir mahlten
ihr mahltet
sie mahlten

**Imperfect subjunctive**
ich mahlte
du mahltest
er mahlte
wir mahlten
ihr mahltet
sie mahlten

**Perfect indicative**
ich habe gemahlen
du hast gemahlen
er hat gemahlen
wir haben gemahlen
ihr habt gemahlen
sie haben gemahlen

**Future indicative**
ich werde mahlen
du wirst mahlen
er wird mahlen
wir werden mahlen
ihr werdet mahlen
sie werden mahlen

**Pluperfect indicative**
ich hatte gemahlen
du hattest gemahlen
er hatte gemahlen
wir hatten gemahlen
ihr hattet gemahlen
sie hatten gemahlen

**Conditional**
ich würde mahlen
du würdest mahlen
er würde mahlen
wir würden mahlen
ihr würdet mahlen
sie würden mahlen

TO GROW *wachsen*
**Present participle** *wachsend*
**Past participle** *gewachsen*
**Imperative** wachs(e)! wachsen wir! wachst!
wachsen Sie!

| **Present indicative** | **Present subjunctive** |
|---|---|
| ich wachse | ich wachse |
| du wächst | du wachsest |
| er wächs | er wachse |
| wir wachsen | wir wachsen |
| ihr wachst | ihr wachset |
| sie wachsen | sie wachsen |

| **Imperfect indicative** | **Imperfect subjunctive** |
|---|---|
| ich wuchs | ich wüchse |
| du wuchsest | du wüchsest |
| er wuchs | er wüchse |
| wir wuchsen | wir wüchsen |
| ihr wuchset | ihr wüchset |
| sie wuchsen | sie wüchsen |

| **Perfect indicative** | **Future indicative** |
|---|---|
| ich bin gewachsen | ich werde wachsen |
| du bist gewachsen | du wirst wachsen |
| er ist gewachsen | er wird wachsen |
| wir sind gewachsen | wir werden wachsen |
| ihr seid gewachsen | ihr werdet wachsen |
| sie sind gewachsen | sie werden wachsen |

| **Pluperfect indicative** | **Conditional** |
|---|---|
| ich war gewachsen | ich würde wachsen |
| du warst gewachsen | du würdest wachsen |
| er war gewachsen | er würde wachsen |
| wir waren gewachsen | wir würden wachsen |
| ihr wart gewachsen | ihr würdet wachsen |
| sie waren gewachsen | sie würden wachsen |

TO GUESS, TO ADVISE *raten*
**Present participle** *ratend*
**Past participle** *geraten*
**Imperative** rat(e)! raten wir! ratet! raten Sie!

---

**Present indicative**
ich rate
du rätst
er rät
wir raten
ihr ratet
sie raten

**Present subjunctive**
ich rate
du ratest
er rate
wir raten
ihr ratet
sie raten

**Imperfect indicative**
ich riet
du riet(e)st
er riet
wir rieten
ihr rietet
sie rieten

**Imperfect subjunctive**
ich riete
du rietest
er riete
wir rieten
ihr rietet
sie rieten

**Perfect indicative**
ich habe geraten
du hast geraten
er hat geraten
wir haben geraten
ihr habt geraten
sie haben geraten

**Future indicative**
ich werde raten
du wirst raten
er wird raten
wir werden raten
ihr werdet raten
sie werden raten

**Pluperfect indicative**
ich hatte geraten
du hattest geraten
er hatte geraten
wir hatten geraten
ihr hattet geraten
sie hatten geraten

**Conditional**
ich würde raten
du würdest raten
er würde raten
wir würden raten
ihr würdet raten
sie würden raten

TO GUSH, WELL UP *quellen*
**Present participle** *quellend*
**Past participle** *gequollen*
**Imperative** quill! quellen wir! quellt! quellen Sie!

**Present indicative**
ich quelle
du quillst
er quillt
wir quellen
ihr quellt
sie quellen

**Present subjunctive**
ich quelle
du quellest
er quelle
wir quellen
ihr quellet
sie quellen

**Imperfect indicative**
ich quoll
du quollst
er quoll
wir quollen
ihr quollt
sie quollen

**Imperfect subjunctive**
ich quölle
du quöllest
er quölle
wir quöllen
ihr quöllet
sie quöllen

**Perfect indicative**
ich bin gequollen
du bist gequollen
er ist gequollen
wir sind gequollen
ihr seid gequollen
sie sind gequollen

**Future indicative**
ich werde quellen
du wirst quellen
er wird quellen
wir werden quellen
ihr werdet quellen
sie werden quellen

**Pluperfect indicative**
ich war gequollen
du warst gequollen
er war gequollen
wir waren gequollen
ihr wart gequollen
sie waren gequollen

**Conditional**
ich würde quellen
du würdest quellen
er würde quellen
wir würden quellen
ihr würdet quellen
sie würden quellen

TO HANG *hängen*
**Present participle** *hängend*
**Past participle** *gehangen*
**Imperative** häng(e)! hängen wir! hängt! hängen Sie!

**Present indicative**
ich hänge
du hängst
er hängt
wir hängen
ihr hängt
sie hängen

**Present subjunctive**
ich hänge
du hängest
er hänge
wir hängen
ihr hänget
sie hängen

**Imperfect indicative**
ich hing
du hingst
er hing
wir hingen
ihr hingt
sie hingen

**Imperfect subjunctive**
ich hinge
du hingest
er hinge
wir hingen
ihr hinget
sie hingen

**Perfect indicative**
ich habe gehangen
du hast gehangen
er hat gehangen
wir haben gehangen
ihr habt gehangen
sie haben gehangen

**Future indicative**
ich werde hängen
du wirst hängen
er wird hängen
wir werden hängen
ihr werdet hängen
sie werden hängen

**Pluperfect indicative**
ich hatte gehangen
du hattest gehangen
er hatte gehangen
wir hatten gehangen
ihr hattet gehangen
sie hatten gehangen

**Conditional**
ich würde hängen
du würdest hängen
er würde hängen
wir würden hängen
ihr würdet hängen
sie würden hängen

TO HAVE *haben*
**Present participle** *habend*
**Past participle** *gehabt*
**Imperative** habe! haben wir! habt! haben Sie!

| Present indicative | Present subjunctive |
|---|---|
| ich habe | ich habe |
| du hast | du habest |
| er hat | er habe |
| wir haben | wir haben |
| ihr habt | ihr habet |
| sie haben | sie haben |

**Imperfect indicative**  **Imperfect subjunctive**
ich hatte
du hattest
er hatte
wir hatten
ihr hattet
sie hatten

ich hätte
du hättest
er hätte
wir hätten
ihr hättet
sie hätten

**Perfect indicative**  **Future indicative**
ich habe gehabt
du hast gehabt
er hat gehabt
wir haben gehabt
ihr habt gehabt
sie haben gehabt

ich werde haben
du wirst haben
er wird haben
wir werden haben
ihr werdet haben
sie werden haben

**Pluperfect indicative**  **Conditional**
ich hatte gehabt
du hattest gehabt
er hatte gehabt
wir hatten gehabt
ihr hattet gehabt
sie hatten gehabt

ich würde haben
du würdest haben
er würde haben
wir würden haben
ihr würdet haben
sie würden haben

TO HAVE TO, MUST *müssen*
**Present participle** müssend
**Past participle** *gemußt / müssen**
* *müssen* is used when preceded by an infinitive

**Present indicative**
ich muß
du mußt
er muß
wir müssen
ihr müßt
sie müssen

**Present subjunctive**
ich müsse
du müssest
er müsse
wir müssen
ihr müsset
sie müssen

**Imperfect indicative**
ich mußte
du mußtest
er mußte
wir mußten
ihr mußtet
sie mußten

**Imperfect subjunctive**
ich müßte
du müßtest
er müßte
wir müßten
ihr müßtet
sie müßten

**Perfect indicative**
ich habe gemußt
du hast gemußt
er hat gemußt
wir haben gemußt
ihr habt gemußt
sie haben gemußt

**Future indicative**
ich werde müssen
du wirst müssen
er wird müssen
wir werden müssen
ihr werdet müssen
sie werden müssen

**Pluperfect indicative**
ich hatte gemußt
du hattest gemußt
er hatte gemußt
wir hatten gemußt
ihr hattet gemußt
sie hatten gemußt

**Conditional**
ich würde müssen
du würdest müssen
er würde müssen
wir würden müssen
ihr würdet müssen
sie würden müssen

TO HEAL *heilen*
**Present participle** *heilend*
**Past participle** *geheilt*
**Imperative** heil(e)! heilen wir! heilt! heilen Sie!

---

**Present indicative**
ich heile
du heilst
er heilt
wir heilen
ihr heilt
sie heilen

**Present subjunctive**
ich heile
du heilest
er heile
wir heilen
ihr heilet
sie heilen

**Imperfect indicative**
ich heilte
du heiltest
er heilte
wir heilten
ihr heiltet
sie heilten

**Imperfect subjunctive**
ich heilte
du heiltest
er heilte
wir heilten
ihr heiltet
sie heilten

**Perfect indicative**
ich habe geheilt
du hast geheilt
er hat geheilt
wir haben geheilt
ihr habt geheilt
sie haben geheilt

**Future indicative**
ich werde heilen
du wirst heilen
er wird heilen
wir werden heilen
ihr werdet heilen
sie werden heilen

**Pluperfect indicative**
ich hatte geheilt
du hattest geheilt
er hatte geheilt
wir hatten geheilt
ihr hattet geheilt
sie hatten geheilt

**Conditional**
ich würde heilen
du würdest heilen
er würde heilen
wir würden heilen
ihr würdet heilen
sie würden heilen

TO HEAR *hören*
**Present participle** *hörend*
**Past participle** *gehört*
**Imperative** hör(e)! hören wir! hört! hören Sie!

| **Present indicative** | **Present subjunctive** |
|---|---|
| ich höre | ich höre |
| du hörst | du hörest |
| er hört | er höre |
| wir hören | wir hören |
| ihr hört | ihr höret |
| sie hören | sie hören |

| **Imperfect indicative** | **Imperfect subjunctive** |
|---|---|
| ich hörte | ich hörte |
| du hörtest | du hörtest |
| er hörte | er hörte |
| wir hörten | wir hörten |
| ihr hörtet | ihr hörtet |
| sie hörten | sie hörten |

| **Perfect indicative** | **Future indicative** |
|---|---|
| ich habe gehört | ich werde hören |
| du hast gehört | du wirst hören |
| er hat gehört | er wird hören |
| wir haben gehört | wir werden hören |
| ihr habt gehört | ihr werdet hören |
| sie haben gehört | sie werden hören |

| **Pluperfect indicative** | **Conditional** |
|---|---|
| ich hatte gehört | ich würde hören |
| du hattest gehört | du würdest hören |
| er hatte gehört | er würde hören |
| wir hatten gehört | wir würden hören |
| ihr hattet gehört | ihr würdet hören |
| sie hatten gehört | sie würden hören |

TO HELP *helfen*
**Present participle** *helfend*
**Past participle** *geholfen*
**Imperative** hilf! helfen wir! helft! helfen Sie!

---

**Present indicative**
ich helfe
du hilfst
er hilft
wir helfen
ihr helft
sie helfen

**Present subjunctive**
ich helfe
du helfest
er helfe
wir helfen
ihr helfet
sie helfen

**Imperfect indicative**
ich half
du halfst
er half
wir halfen
ihr halft
sie halfen

**Imperfect subjunctive**
ich hülfe
du hülfest
er hülfe
wir hülfen
ihr hülfet
sie hülfen

**Perfect indicative**
ich habe geholfen
du hast geholfen
er hat geholfen
wir haben geholfen
ihr habt geholfen
sie haben geholfen

**Future indicative**
ich werde helfen
du wirst helfen
er wird helfen
wir werden helfen
ihr werdet helfen
sie werden helfen

**Pluperfect indicative**
ich hatte geholfen
du hattest geholfen
er hatte geholfen
wir hatten geholfen
ihr hattet geholfen
sie hatten geholfen

**Conditional**
ich würde helfen
du würdest helfen
er würde helfen
wir würden helfen
ihr würdet helfen
sie würden helfen

TO HESITATE *zögern*
**Present participle** *zögernd*
**Past participle** *gezögert*
**Imperative** zögert! zögern wir! zögert! zögern Sie!

---

**Present indicative**
ich zögere
du zögerst
er zögert
wir zögern
ihr zögert
sie zögern

**Present subjunctive**
ich zögere
du zögerst
er zögere
wir zögern
ihr zögert
sie zögern

**Imperfect indicative**
ich zögerte
du zögertest
er zögerte
wir zögerten
ihr zögertet
sie zögerten

**Imperfect subjunctive**
ich zögerte
du zögertest
er zögerte
wir zögerten
ihr zögertet
sie zögerten

**Perfect indicative**
ich habe gezögert
du hast gezögert
er hat gezögert
wir haben gezögert
ihr habt gezögert
sie haben gezögert

**Future indicative**
ich werde zögern
du wirst zögern
er wird zögern
wir werden zögern
ihr werdet zögern
sie werden zögern

**Pluperfect indicative**
ich hatte gezögert
du hattest gezögert
er hatte gezögert
wir hatten gezögert
ihr hattet gezögert
sie hatten gezögert

**Conditional**
ich würde zögern
du würdest zögern
er würde zögern
wir würden zögern
ihr würdet zögern
sie würden zögern

TO HEW, CUT *hauen*
**Present participle** *hauend*
**Past participle** *gehauen*
**Imperative** hau(e)! hauen wir! haut! hauen Sie!

---

**Present indicative**
ich haue
du haust
er haut
wir hauen
ihr haut
sie hauen

**Present subjunctive**
ich haue
du hauest
er haue
wir hauen
ihr hauet
sie hauen

**Imperfect indicative**
ich hieb
du hiebst
er hieb
wir hieben
ihr hiebt
sie hieben

**Imperfect subjunctive**
ich hiebe
du hiebest
er hiebe
wir hieben
ihr hiebet
sie hieben

**Perfect indicative**
ich habe gehauen
du hast gehauen
er hat gehauen
wir haben gehauen
ihr habt gehauen
sie haben gehauen

**Future indicative**
ich werde hauen
du wirst hauen
er wird hauen
wir werden hauen
ihr werdet hauen
sie werden hauen

**Pluperfect indicative**
ich hatte gehauen
du hattest gehauen
er hatte gehauen
wir hatten gehauen
ihr hattet gehauen
sie hatten gehauen

**Conditional**
ich würde hauen
du würdest hauen
er würde hauen
wir würden hauen
ihr würdet hauen
sie würden hauen

TO HIT *schlagen*
**Present participle** *schlagend*
**Past participle** *geschlagen*
**Imperative** schlag(e)! schlagen wir! schlagt! schlagen Sie!

**Present indicative**
ich schlage
du schlägst
er schlägt
wir schlagen
ihr schlagt
sie schlagen

**Present subjunctive**
ich schlage
du schlagest
er schlage
wir schlagen
ihr schlaget
sie schlagen

**Imperfect indicative**
ich schlug
du schlugst
er schlug
wir schlugen
ihr schlugt
sie schlugen

**Imperfect subjunctive**
ich schlüge
du schlügest
er schlüge
wir schlügen
ihr schlüget
sie schlügen

**Perfect indicative**
ich habe geschlagen
du hast geschlagen
er hat geschlagen
wir haben geschlagen
ihr habt geschlagen
sie haben geschlagen

**Future indicative**
ich werde schlagen
du wirst schlagen
er wird schlagen
wir werden schlagen
ihr werdet schlagen
sie werden schlagen

**Pluperfect indicative**
ich hatte geschlagen
du hattest geschlagen
er hatte geschlagen
wir hatten geschlagen
ihr hattet geschlagen
sie hatten geschlagen

**Conditional**
ich würde schlagen
du würdest schlagen
er würde schlagen
wir würden schlagen
ihr würdet schlagen
sie würden schlagen

TO HOLD *halten*
**Present participle** *haltend*
**Past participle** *gehalten*
**Imperative** halt(e)! halten wir! haltet! halten Sie!

---

**Present indicative**
ich halte
du hältst
er hält
wir halten
ihr haltet
sie halten

**Present subjunctive**
ich halte
du haltest
er halte
wir halten
ihr haltet
sie halten

**Imperfect indicative**
ich hielt
du hielt(e)st
er hielt
wir hielten
ihr hieltet
sie hielten

**Imperfect subjunctive**
ich hielte
du hieltest
er hielte
wir hielten
ihr hieltet
sie hielten

**Perfect indicative**
ich habe gehalten
du hast gehalten
er hat gehalten
wir haben gehalten
ihr habt gehalten
sie haben gehalten

**Future indicative**
ich werde halten
du wirst halten
er wird halten
wir werden halten
ihr werdet halten
sie werden halten

**Pluperfect indicative**
ich hatte gehalten
du hattest gehalten
er hatte gehalten
wir hatten gehalten
ihr hattet gehalten
sie hatten gehalten

**Conditional**
ich würde halten
du würdest halten
er würde halten
wir würden halten
ihr würdet halten
sie würden halten

TO HUNT *jagen*
**Present participle** *jagend*
**Past participle** *gejagt*
**Imperative** jag(e)! jagen wir! jagt! jagen Sie!

---

**Present indicative**
ich jage
du jagst
er jagt
wir jagen
ihr jagt
sie jagen

**Present subjunctive**
ich jage
du jagest
er jage
wir jagen
ihr jaget
sie jagen

**Imperfect indicative**
ich jagte
du jagtest
er jagte
wir jagten
ihr jagtet
sie jagten

**Imperfect subjunctive**
ich jagte
du jagtest
er jagte
wir jagten
ihr jagtet
sie jagten

**Perfect indicative**
ich habe gejagt
du hast gejagt
er hat gejagt
wir haben gejagt
ihr habt gejagt
sie haben gejagt

**Future indicative**
ich werde jagen
du wirst jagen
er wird jagen
wir werden jagen
ihr werdet jagen
sie werden jagen

**Pluperfect indicative**
ich hatte gejagt
du hattest gejagt
er hatte gejagt
wir hatten gejagt
ihr hattet gejagt
sie hatten gejagt

**Conditional**
ich würde jagen
du würdest jagen
er würde jagen
wir würden jagen
ihr würdet jagen
sie würden jagen

TO INFORM *informieren*
**Present participle** *informierend*
**Past participle** *informiert*
**Imperative** informier(e)! informieren wir!
informiert! informieren Sie!

**Present indicative**
ich informiere
du informierst
er informiert
wir informieren
ihr informiert
sie informieren

**Present subjunctive**
ich informiere
du informierest
er informiere
wir informieren
ihr informieret
sie informieren

**Imperfect indicative**
ich informierte
du informiertest
er informierte
wir informierten
ihr informiertet
sie informierten

**Imperfect subjunctive**
ich informierte
du informiertest
er informierte
wir informierten
ihr informiertet
sie informierten

**Perfect indicative**
ich habe informiert
du hast informiert
er hat informiert
wir haben informiert
ihr habt informiert
sie haben informiert

**Future indicative**
ich werde informieren
du wirst informieren
er wird informieren
wir werden informieren
ihr werdet informieren
sie werden informieren

**Pluperfect indicative**
ich hatte informiert
du hattest informiert
er hatte informiert
wir hatten informiert
ihr hattet informiert
sie hatten informiert

**Conditional**
ich würde informieren
du würdest informieren
er würde informieren
wir würden informieren
ihr würdet informieren
sie würden informieren

TO ITCH, SCRATCH *jucken*
**Present participle** *juckend*
**Past participle** *gejuckt*
**Imperative** juck(e)! jucken wir! juckt! jucken Sie!

---

**Present indicative**
ich jucke
du juckst
er juckt
wir jucken
ihr juckt
sie jucken

**Present subjunctive**
ich jucke
du juckest
er jucke
wir jucken
ihr jucket
sie jucken

**Imperfect indicative**
ich juckte
du jucktest
er juckte
wir juckten
ihr jucktet
sie juckten

**Imperfect subjunctive**
ich juckte
du jucktest
er juckte
wir juckten
ihr jucktet
sie juckten

**Perfect indicative**
ich habe gejuckt
du hast gejuckt
er hat gejuckt
wir haben gejuckt
ihr habt gejuckt
sie haben gejuckt

**Future indicative**
ich werde jucken
du wirst jucken
er wird jucken
wir werden jucken
ihr werdet jucken
sie werden jucken

**Pluperfect indicative**
ich hatte gejuckt
du hattest gejuckt
er hatte gejuckt
wir hatten gejuckt
ihr hattet gejuckt
sie hatten gejuckt

**Conditional**
ich würde jucken
du würdest jucken
er würde jucken
wir würden jucken
ihr würdet jucken
sie würden jucken

TO JUMP *springen*
**Present participle** *springend*
**Past participle** *gesprungen*
**Imperative** spring(e)! springen wir! springt!
springen Sie!

**Present indicative**
ich springe
du springst
er springt
wir springen
ihr springt
sie springen

**Present subjunctive**
ich springe
du springest
er springe
wir springen
ihr springet
sie springen

**Imperfect indicative**
ich sprang
du sprangst
er sprang
wir sprangen
ihr sprangt
sie sprangen

**Imperfect subjunctive**
ich spränge
du sprängest
er spränge
wir sprängen
ihr spränget
sie sprängen

**Perfect indicative**
ich bin gesprungen
du bist gesprungen
er ist gesprungen
wir sind gesprungen
ihr seid gesprungen
sie sind gesprungen

**Future indicative**
ich werde springen
du wirst springen
er wird springen
wir werden springen
ihr werdet springen
sie werden springen

**Pluperfect indicative**
ich war gesprungen
du warst gesprungen
er war gesprungen
wir waren gesprungen
ihr wart gesprungen
sie waren gesprungen

**Conditional**
ich würde springen
du würdest springen
er würde springen
wir würden springen
ihr würdet springen
sie würden springen

TO KNOW (A FACT) *wissen*
**Present participle** *wissend*
**Past participle** *gewußt*
**Imperative** wisse! wissen wir! wisset! wissen Sie!

---

**Present indicative**
ich weiß
du weißt
er weiß
wir wissen
ihr wißt
sie wissen

**Present subjunctive**
ich wisse
du wissest
er wisse
wir wissen
ihr wisset
sie wissen

**Imperfect indicative**
ich wußte
du wußtest
er wußte
wir wußten
ihr wußtet
sie wußten

**Imperfect subjunctive**
ich wüßte
du wüßtest
er wüßte
wir wüßten
ihr wüßtet
sie wüßten

**Perfect indicative**
ich habe gewußt
du hast gewußt
er hat gewußt
wir haben gewußt
ihr habt gewußt
sie haben gewußt

**Future indicative**
ich werde wissen
du wirst wissen
er wird wissen
wir werden wissen
ihr werdet wissen
sie werden wissen

**Pluperfect indicative**
ich hatte gewußt
du hattest gewußt
er hatte gewußt
wir hatten gewußt
ihr hattet gewußt
sie hatten gewußt

**Conditional**
ich würde wissen
du würdest wissen
er würde wissen
wir würden wissen
ihr würdet wissen
sie würden wissen

TO KNOW (A PERSON) *kennen*
**Present participle** *kennend*
**Past participle** *gekannt*
**Imperative** kenn(e)! kennen wir! kennt! kennen
Sie!

---

**Present indicative**
ich kenne
du kennst
er kennt
wir kennen
ihr kennt
sie kennen

**Present subjunctive**
ich kenne
du kennest
er kenne
wir kennen
ihr kennet
sie kennen

**Imperfect indicative**
ich kannte
du kanntest
er kannte
wir kannten
ihr kanntet
sie kannten

**Imperfect subjunctive**
ich kennte
du kenntest
er kennte
wir kennten
ihr kenntet
sie kennten

**Perfect indicative**
ich habe gekannt
du hast gekannt
er hat gekannt
wir haben gekannt
ihr habt gekannt
sie haben gekannt

**Future indicative**
ich werde kennen
du wirst kennen
er wird kennen
wir werden kennen
ihr werdet kennen
sie werden kennen

**Pluperfect indicative**
ich hatte gekannt
du hattest gekannt
er hatte gekannt
wir hatten gekannt
ihr hattet gekannt
sie hatten gekannt

**Conditional**
ich würde kennen
du würdest kennen
er würde kennen
wir würden kennen
ihr würdet kennen
sie würden kennen

TO LAST *dauern*
**Present participle** *dauernd*
**Past participle** *gedauert*
**Imperative** dauer(e)! dauern wir! dauert! dauern Sie!

| **Present indicative** | **Present subjunctive** |
|---|---|
| ich dauere | ich dauere |
| du dauerst | du dauerst |
| er dauert | er dauere |
| wir dauern | wir dauern |
| ihr dauert | ihr dauert |
| sie dauern | sie dauern |

| **Imperfect indicative** | **Imperfect indicative** |
|---|---|
| ich dauerte | ich dauerte |
| du dauertest | du dauertest |
| er dauerte | er dauerte |
| wir dauerten | wir dauerten |
| ihr dauertet | ihr dauertet |
| sie dauerten | sie dauerten |

| **Perfect indicative** | **Future indicative** |
|---|---|
| ich habe gedauert | ich werde dauern |
| du hast gedauert | du wirst dauern |
| er hat gedauert | er wird dauern |
| wir haben gedauert | wir werden dauern |
| ihr habt gedauert | ihr werdet dauern |
| sie haben gedauert | sie werden dauern |

| **Pluperfect indicative** | **Conditional** |
|---|---|
| ich hatte gedauert | ich würde dauern |
| du hattest gedauert | du würdest dauern |
| er hatte gedauert | er würde dauern |
| wir hatten gedauert | wir würden dauern |
| ihr hattet gedauert | ihr würdet dauern |
| sie hatten gedauert | sie würden dauern |

TO LAUGH *lachen*
**Present participle** *lachend*
**Past participle** *gelacht*
**Imperative** lach(e)! lachen wir! lacht! lachen Sie!

**Present indicative**
ich lache
du lachst
er lacht
wir lachen
ihr lacht
sie lachen

**Present subjunctive**
ich lache
du lachest
er lache
wir lachen
ihr lachet
sie lachen

**Imperfect indicative**
ich lachte
du lachtest
er lachte
wir lachten
ihr lachtet
sie lachten

**Imperfect subjunctive**
ich lachte
du lachtest
er lachte
wir lachten
ihr lachtet
sie lachten

**Perfect indicative**
ich habe gelacht
du hast gelacht
er hat gelacht
wir haben gelacht
ihr habt gelacht
sie haben gelacht

**Future indicative**
ich werde lachen
du wirst lachen
er wird lachen
wir werden lachen
ihr werdet lachen
sie werden lachen

**Pluperfect indicative**
ich hatte gelacht
du hattest gelacht
er hatte gelacht
wir hatten gelacht
ihr hattet gelacht
sie hatten gelacht

**Conditional**
ich würde lachen
du würdest lachen
er würde lachen
wir würden lachen
ihr würdet lachen
sie würden lachen

TO LEAD *führen*
**Present participle** *führend*
**Past participle** *geführt*
**Imperative** führ(e)! führen wir! führt! führen Sie!

| **Present indicative** | **Present subjunctive** |
|---|---|
| ich führe | ich führe |
| du führst | du führest |
| er führt | er führe |
| wir führen | wir führen |
| ihr führt | ihr führet |
| sie führen | sie führen |

| **Imperfect indicative** | **Imperfect subjunctive** |
|---|---|
| ich führte | ich führte |
| du führtest | du führtest |
| er führte | er führte |
| wir führten | wir führten |
| ihr führtet | ihr führtet |
| sie führten | sie führten |

| **Perfect indicative** | **Future indicative** |
|---|---|
| ich habe geführt | ich werde führen |
| du hast geführt | du wirst führen |
| er hat geführt | er wird führen |
| wir haben geführt | wir werden führen |
| ihr habt geführt | ihr werdet führen |
| sie haben geführt | sie werden führen |

| **Pluperfect indicative** | **Conditional** |
|---|---|
| ich hatte geführt | ich würde führen |
| du hattest geführt | du würdest führen |
| er hatte geführt | er würde führen |
| wir hatten geführt | wir würden führen |
| ihr hattet geführt | ihr würdet führen |
| sie hatten geführt | sie würden führen |

TO LEND *leihen*
**Present participle** *leihend*
**Past participle** *geliehen*
**Imperative** leih(e)! leihen wir! leiht! leihen Sie!

---

**Present indicative**
ich leihe
du leihst
er leiht
wir leihen
ihr leiht
sie leihen

**Present subjunctive**
ich leihe
du leihest
er leihe
wir leihen
ihr leihet
sie leihen

**Imperfect indicative**
ich lieh
du liehst
er lieh
wir liehen
ihr lieht
sie liehen

**Imperfect subjunctive**
ich liehe
du liehest
er liehe
wir liehen
ihr liehet
sie liehen

**Perfect indicative**
ich habe geliehen
du hast geliehen
er hat geliehen
wir haben geliehen
ihr habt geliehen
sie haben geliehen

**Future indicative**
ich werde leihen
du wirst leihen
er wird leihen
wir werden leihen
ihr werdet leihen
sie werden leihen

**Pluperfect indicative**
ich hatte geliehen
du hattest geliehen
er hatte geliehen
wir hatten geliehen
ihr hattet geliehen
sie hatten geliehen

**Conditional**
ich würde leihen
du würdest leihen
er würde leihen
wir würden leihen
ihr würdet leihen
sie würden leihen

TO LET, TO LEAVE *lassen*
**Present participle** *lassend*
**Past participle** *gelassen*
**Imperative** laß! lassen wir! laßt! lassen Sie!

---

**Present indicative**
ich lasse
du läßt
er läßt
wir lassen
ihr laßt
sie lassen

**Present subjunctive**
ich lasse
du lassest
er lasse
wir lassen
ihr lasset
sie lassen

**Imperfect indicative**
ich ließ
du ließest
er ließ
wir ließen
ihr ließt
sie ließen

**Imperfect subjunctive**
ich ließe
du ließest
er ließe
wir ließen
ihr ließet
sie ließen

**Perfect indicative**
ich habe gelassen
du hast gelassen
er hat gelassen
wir haben gelassen
ihr habt gelassen
sie haben gelassen

**Future indicative**
ich werde lassen
du wirst lassen
er wird lassen
wir werden lassen
ihr werdet lassen
sie werden lassen

**Pluperfect indicative**
ich hatte gelassen
du hattest gelassen
er hatte gelassen
wir hatten gelassen
ihr hattet gelassen
sie hatten gelassen

**Conditional**
ich würde lassen
du würdest lassen
er würde lassen
wir würden lassen
hr würdet lassen
sie würden lassen

TO LIE, TO BE SITUATED *liegen*
**Present participle** *liegend*
**Past participle** *gelegen*
**Imperative** lieg(e)! liegen wir! liegt! liegen Sie!

---

**Present indicative**
ich liege
du liegst
er liegt
wir liegen
ihr liegt
sie liegen

**Present subjunctive**
ich liege
du liegest
er liege
wir liegen
ihr lieget
sie liegen

**Imperfect indicative**
ich lag
du lagst
er lag
wir lagen
ihr lagt
sie lagen

**Imperfect subjunctive**
ich läge
du lägest
er läge
wir lägen
ihr läget
sie lägen

**Perfect indicative**
ich habe gelegen
du hast gelegen
er hat gelegen
wir haben gelegen
ihr habt gelegen
sie haben gelegen

**Future indicative**
ich werde liegen
du wirst liegen
er wird liegen
wir werden liegen
ihr werdet liegen
sie werden liegen

**Pluperfect indicative**
ich hatte gelegen
du hattest gelegen
er hatte gelegen
wir hatten gelegen
ihr hattet gelegen
sie hatten gelegen

**Conditional**
ich würde liegen
du würdest liegen
er würde liegen
wir würden liegen
ihr würdet liegen
sie würden liegen

TO (TELL A) LIE *lügen*
**Present participle** *lügend*
**Past participle** *gelogen*
**Imperative** lüg(e)! lügen wir! lügt! lügen Sie!

**Present indicative**
ich lüge
du lügst
er lügt
wir lügen
ihr lügt
sie lügen

**Present subjunctive**
ich lüge
du lügest
er lüge
wir lügen
ihr lüget
sie lügen

**Imperfect indicative**
ich log
du logst
er log
wir logen
ihr logt
sie logen

**Imperfect subjunctive**
ich löge
du lögest
er löge
wir lögen
ihr löget
sie lögen

**Perfect indicative**
ich habe gelogen
du hast gelogen
er hat gelogen
wir haben gelogen
ihr habt gelogen
sie haben gelogen

**Future indicative**
ich werde lügen
du wirst lügen
er wird lügen
wir werden lügen
ihr werdet lügen
sie werden lügen

**Pluperfect indicative**
ich hatte gelogen
du hattest gelogen
er hatte gelogen
wir hatten gelogen
ihr hattet gelogen
sie hatten gelogen

**Conditional**
ich würde lügen
du würdest lügen
er würde lügen
wir würden lügen
ihr würdet lügen
sie würden lügen

TO LIFT *heben*
**Present participle** *hebend*
**Past participle** *gehoben*
**Imperative** heb(e)! heben wir! hebt! heben Sie!

| **Present indicative** | **Present subjunctive** |
|---|---|
| ich hebe | ich hebe |
| du hebst | du hebest |
| er hebt | er hebe |
| wir heben | wir heben |
| ihr hebt | ihr hebet |
| sie heben | sie heben |

| **Imperfect indicative** | **Imperfect subjunctive** |
|---|---|
| ich hob | ich höbe |
| du hobst | du höbest |
| er hob | er höbe |
| wir hoben | wir höben |
| ihr hobt | ihr höbet |
| sie hoben | sie höben |

| **Perfect indicative** | **Future indicative** |
|---|---|
| ich habe gehoben | ich werde heben |
| du hast gehoben | du wirst heben |
| er hat gehoben | er wird heben |
| wir haben gehoben | wir werden heben |
| ihr habt gehoben | ihr werdet heben |
| sie haben gehoben | sie werden heben |

| **Pluperfect indicative** | **Conditional** |
|---|---|
| ich hatte gehoben | ich würde heben |
| du hattest gehoben | du würdest heben |
| er hatte gehoben | er würde heben |
| wir hatten gehoben | wir würden heben |
| ihr hattet gehoben | ihr würdet heben |
| sie hatten gehoben | sie würden heben |

TO LIKE *mögen*
**Present participle** *mögend*
**Past participle** *gemocht / mögen**
* *mögen* is used when preceded by an infinitive

| | |
|---|---|
| **Present indicative** | **Present subjunctive** |
| ich mag | ich möge |
| du magst | du mögest |
| er mag | er möge |
| wir mögen | wir mögen |
| ihr mögt | ihr möget |
| sie mögen | sie mögen |
| | |
| **Imperfect indicative** | **Imperfect subjunctive** |
| ich mochte | ich möchte |
| du mochtest | du möchtest |
| er mochte | er möchte |
| wir mochten | wir möchten |
| ihr mochtet | ihr möchtet |
| sie mochten | sie möchten |
| | |
| **Perfect indicative** | **Future indicative** |
| ich habe gemocht | ich werde mögen |
| du hast gemocht | du wirst mögen |
| er hat gemocht | er wird mögen |
| wir haben gemocht | wir werden mögen |
| ihr habt gemocht | ihr werdet mögen |
| sie haben gemocht | sie werden mögen |
| | |
| **Pluperfect indicative** | **Conditional** |
| ich hatte gemocht | ich würde mögen |
| du hattest gemocht | du würdest mögen |
| er hatte gemocht | er würde mögen |
| wir hatten gemocht | wir würden mögen |
| ihr hattet gemocht | ihr würdet mögen |
| sie hatten gemocht | sie würden mögen |

TO LIMP *hinken*
**Present participle** *hinkend*
**Past participle** *gehinkt*
**Imperative** hink(e)! hinken wir! hinkt! hinken Sie!

---

**Present indicative**
ich hinke
du hinkst
er hinkt
wir hinken
ihr hinkt
sie hinken

**Present subjunctive**
ich hinke
du hinkest
er hinke
wir hinken
ihr hinket
sie hinken

**Imperfect indicative**
ich hinkte
du hinktest
er hinkte
wir hinkten
ihr hinktet
sie hinkten

**Imperfect subjunctive**
ich hinkte
du hinktest
er hinkte
wir hinkten
ihr hinktet
sie hinkten

**Perfect indicative**
ich habe gehinkt
du hast gehinkt
er hat gehinkt
wir haben gehinkt
ihr habt gehinkt
sie haben gehinkt

**Future indicative**
ich werde hinken
du wirst hinken
er wird hinken
wir werden hinken
ihr werdet hinken
sie werden hinken

**Pluperfect indicative**
ich hatte gehinkt
du hattest gehinkt
er hatte gehinkt
wir hatten gehinkt
ihr hattet gehinkt
sie hatten gehinkt

**Conditional**
ich würde hinken
du würdest hinken
er würde hinken
wir würden hinken
ihr würdet hinken
sie würden hinken

TO LOAD *laden*
**Present participle** *ladend*
**Past participle** *geladen*
**Imperative** lad(e)! laden wir! ladet! laden Sie!

| **Present indicative** | **Present subjunctive** |
|---|---|
| ich lade | ich lade |
| du lädst | du ladest |
| er lädt | er lade |
| wir laden | wir laden |
| ihr ladet | ihr ladet |
| sie laden | sie laden |

| **Imperfect indicative** | **Imperfect subjunctive** |
|---|---|
| ich lud | ich lüde |
| du lud(e)st | du lüdest |
| er lud | er lüde |
| wir luden | wir lüden |
| ihr ludet | ihr lüdet |
| sie luden | sie lüden |

| **Perfect indicative** | **Future indicative** |
|---|---|
| ich habe geladen | ich werde laden |
| du hast geladen | du wirst laden |
| er hat geladen | er wird laden |
| wir haben geladen | wir werden laden |
| ihr habt geladen | ihr werdet laden |
| sie haben geladen | sie werden laden |

| **Pluperfect indicative** | **Conditional** |
|---|---|
| ich hatte geladen | ich würde laden |
| du hattest geladen | du würdest laden |
| er hatte geladen | er würde laden |
| wir hatten geladen | wir würden laden |
| ihr hattet geladen | ihr würdet laden |
| sie hatten geladen | sie würden laden |

TO LOOK AFTER, CARE FOR *pflegen*
**Present participle** *pflegend*
**Past participle** *gefplegt*
**Imperative** pflege! pflegen wir! pflegt! pflegen Sie!

---

**Present indicative**
ich pflege
du pflegst
er pflegt
wir pflegen
ihr pflegt
sie pflegen

**Present subjunctive**
ich pflege
du pflegest
er pflege
wir pflegen
ihr pfleget
sie pflegen

**Imperfect indicative**
ich pflegte
du pflegtest
er pflegte
wir pflegten
ihr pflegtet
sie pflegten

**Imperfect subjunctive**
ich pflegte
du pflegtest
er pflegte
wir pflegten
ihr pflegtet
sie pflegten

**Perfect indicative**
ich habe gepflegt
du hast gepflegt
er hat gepflegt
wir haben gepflegt
ihr habt gepflegt
sie haben gepflegt

**Future indicative**
ich werde pflegen
du wirst pflegen
er wird pflegen
wir werden pflegen
ihr werdet pflegen
sie werden pflegen

**Pluperfect indicative**
ich hatte gepflegt
du hattest gepflegt
er hatte gepflegt
wir hatten gepflegt
ihr hattet gepflegt
sie hatten gepflegt

**Conditional**
ich würde pflegen
du würdest pflegen
er würde pflegen
wir würden pflegen
ihr würdet pflegen
sie würden pflegen

TO LOSE *verlieren*
**Present participle** *verlierend*
**Past participle** *verloren*
**Imperative** verlier(e)! verlieren wir! verliert!
verlieren Sie!

| | |
|---|---|
| **Present indicative** | **Present subjunctive** |
| ich verliere | ich verliere |
| du verlierst | du verlierest |
| er verliert | er verliere |
| wir verlieren | wir verlieren |
| ihr verliert | ihr verlieret |
| sie verlieren | sie verlieren |
| **Imperfect indicative** | **Imperfect subjunctive** |
| ich verlor | ich verlöre |
| du verlorst | du verlörest |
| er verlor | er verlöre |
| wir verloren | wir verlören |
| ihr verlort | ihr verlöret |
| sie verloren | sie verlören |
| **Perfect indicative** | **Future indicative** |
| ich habe verloren | ich werde verlieren |
| du hast verloren | du wirst verlieren |
| er hat verloren | er wird verlieren |
| wir haben verloren | wir werden verlieren |
| ihr habt verloren | ihr werdet verlieren |
| sie haben verloren | sie werden verlieren |
| **Pluperfect indicative** | **Conditional** |
| ich hatte verloren | ich würde verlieren |
| du hattest verloren | du würdest verlieren |
| er hatte verloren | er würde verlieren |
| wir hatten verloren | wir würden verlieren |
| ihr hattet verloren | ihr würdet verlieren |
| sie hatten verloren | sie würden verlieren |

TO LOVE *lieben*
**Present participle** *liebend*
**Past participle** *geliebt*
**Imperative** lieb(e)! lieben wir! liebt! lieben Sie!

---

**Present indicative**
ich liebe
du liebst
er liebt
wir lieben
ihr liebt
sie lieben

**Present subjunctive**
ich liebe
du liebest
er liebe
wir lieben
ihr liebet
sie lieben

**Imperfect indicative**
ich liebte
du liebtest
er liebte
wir liebten
ihr liebtet
sie liebten

**Imperfect subjunctive**
ich liebte
du liebtest
er liebte
wir liebten
ihr liebtet
sie liebten

**Perfect indicative**
ich habe geliebt
du hast geliebt
er hat geliebt
wir haben geliebt
ihr habt geliebt
sie haben geliebt

**Future indicative**
ich werde lieben
du wirst lieben
er wird lieben
wir werden lieben
ihr werdet lieben
sie werden lieben

**Pluperfect indicative**
ich hatte geliebt
du hattest geliebt
er hatte geliebt
wir hatten geliebt
ihr hattet geliebt
sie hatten geliebt

**Conditional**
ich würde lieben
du würdest lieben
er würde lieben
wir würden lieben
ihr würdet lieben
sie würden lieben

TO MAKE, TO DO *machen*
**Present participle** *machend*
**Past participle** *gemacht*
**Imperative** mach(e)! machen wir! macht! machen Sie!

**Present indicative**
ich mache
du machst
er macht
wir machen
ihr macht
sie machen

**Present subjunctive**
ich mache
du machest
er mache
wir machen
ihr machet
sie machen

**Imperfect indicative**
ich machte
du machtest
er machte
wir machten
ihr machtet
sie machten

**Imperfect subjunctive**
ich machte
du machtest
er machte
wir machten
ihr machtet
sie machten

**Perfect indicative**
ich habe gemacht
du hast gemacht
er hat gemacht
wir haben gemacht
ihr habt gemacht
sie haben gemacht

**Future indicative**
ich werde machen
du wirst machen
er wird machen
wir werden machen
ihr werdet machen
sie werden machen

**Pluperfect indicative**
ich hatte gemacht
du hattest gemacht
er hatte gemacht
wir hatten gemacht
ihr hattet gemacht
sie hatten gemacht

**Conditional**
ich würde machen
du würdest machen
er würde machen
wir würden machen
ihr würdet machen
sie würden machen

TO MEAN *meinen*
**Present participle** *meinend*
**Past participle** *gemeint*
**Imperative** mein(e)! meinen wir! meint! meinen
Sie!

| **Present indicative** | **Present subjunctive** |
|---|---|
| ich meine | ich meine |
| du meinst | du meinest |
| er meint | er meine |
| wir meinen | wir meinen |
| ihr meint | ihr meinet |
| sie meinen | sie meinen |

| **Imperfect indicative** | **Imperfect subjunctive** |
|---|---|
| ich meinte | ich meinte |
| du meintest | du meintest |
| er meinte | er meinte |
| wir meinten | wir meinten |
| ihr meintet | ihr meintet |
| sie meinten | sie meinten |

| **Perfect indicative** | **Future indicative** |
|---|---|
| ich habe gemeint | ich werde meinen |
| du hast gemeint | du wirst meinen |
| er hat gemeint | er wird meinen |
| wir haben gemeint | wir werden meinen |
| ihr habt gemeint | ihr werdet meinen |
| sie haben gemeint | sie werden meinen |

| **Pluperfect indicative** | **Conditional** |
|---|---|
| ich hatte gemeint | ich würde meinen |
| du hattest gemeint | du würdest meinen |
| er hatte gemeint | er würde meinen |
| wir hatten gemeint | wir würden meinen |
| ihr hattet gemeint | ihr würdet meinen |
| sie hatten gemeint | sie würden meinen |

TO MEASURE *messen*
**Present participle** *messend*
**Past participle** *gemessen*
**Imperative** miß! messen wir! meßt! messen Sie!

**Present indicative**
ich messe
du mißt
er mißt
wir messen
ihr meßt
sie messen

**Present subjunctive**
ich messe
du messest
er messe
wir messen
ihr messet
sie messen

**Imperfect indicative**
ich maß
du maßest
er maß
wir maßen
ihr maßt
sie maßen

**Imperfect subjunctive**
ich mäße
du mäßest
er mäße
wir mäßen
ihr mäßet
sie mäßen

**Perfect indicative**
ich habe gemessen
du hast gemessen
er hat gemessen
wir haben gemessen
ihr habt gemessen
sie haben gemessen

**Future indicative**
ich werde messen
du wirst messen
er wird messen
wir werden messen
ihr werdet messen
sie werden messen

**Pluperfect indicative**
ich hatte gemessen
du hattest gemessen
er hatte gemessen
wir hatten gemessen
ihr hattet gemessen
sie hatten gemessen

**Conditional**
ich würde messen
du würdest messen
er würde messen
wir würden messen
ihr würdet messen
sie würden messen

TO MEDITATE *sinnen*
**Present participle** *sinnend*
**Past participle** *gesonnen*
**Imperative** sinn(e)! sinnen wir! sinnt! sinnen Sie!

**Present indicative**
ich sinne
du sinnst
er sinnt
wir sinnen
ihr sinnt
sie sinnen

**Present subjunctive**
ich sinne
du sinnest
er sinne
wir sinnen
ihr sinnet
sie sinnen

**Imperfect indicative**
ich sann
du sannst
er sann
wir sannen
ihr sannt
sie sannen

**Imperfect subjunctive**
ich sänne
du sännest
er sänne
wir sännen
ihr sännet
sie sännen

**Perfect indicative**
ich habe gesonnen
du hast gesonnen
er hat gesonnen
wir haben gesonnen
ihr habt gesonnen
sie haben gesonnen

**Future indicative**
ich werde gesinnen
du wirst gesinnen
er wird gesinnen
wir werden gesinnen
ihr werdet gesinnen
sie werden gesinnen

**Pluperfect indicative**
ich hatte gesonnen
du hattest gesonnen
er hatte gesonnen
wir hatten gesonnen
ihr hattet gesonnen
sie hatten gesonnen

**Conditional**
ich würde gesinnen
du würdest gesinnen
er würde gesinnen
wir würden gesinnen
ihr würdet gesinnen
sie würden gesinnen

TO MEET *treffen*
**Present participle** *treffend*
**Past participle** *getroffen*
**Imperative** triff! treffen wir! trefft! treffen Sie!

---

**Present indicative**
ich treffe
du triffst
er trifft
wir treffen
ihr trefft
sie treffen

**Present subjunctive**
ich treffe
du treffest
er treffe
wir treffen
ihr treffet
sie treffen

**Imperfect indicative**
ich traf
du trafst
er traf
wir trafen
ihr traft
sie trafen

**Imperfect subjunctive**
ich träfe
du träfest
er träfe
wir träfen
ihr träfet
sie träfen

**Perfect indicative**
ich habe getroffen
du hast getroffen
er hat getroffen
wir haben getroffen
ihr habt getroffen
sie haben getroffen

**Future indicative**
ich werde treffen
du wirst treffen
er wird treffen
wir werden treffen
ihr werdet treffen
sie werden treffen

**Pluperfect indicative**
ich hatte getroffen
du hattest getroffen
er hatte getroffen
wir hatten getroffen
ihr hattet getroffen
sie hatten getroffen

**Conditional**
ich würde treffen
du würdest treffen
er würde treffen
wir würden treffen
ihr würdet treffen
sie würden treffen

TO MELT *schmelzen*
**Present participle** *schmelzend*
**Past participle** *geschmolzen*
**Imperative** schmilz! schmelzen wir! schmelzt!
schmelzen Sie!

| **Present indicative** | **Present subjunctive** |
|---|---|
| ich schmelze | ich schmelze |
| du schmilzt | du schmelzest |
| er schmilzt | er schmelze |
| wir schmelzen | wir schmelzen |
| ihr schmelzt | ihr schmelzet |
| sie schmelzen | sie schmelzen |

| **Imperfect indicative** | **Imperfect subjunctive** |
|---|---|
| ich schmolz | ich schmölze |
| du schmolzest | du schmölzest |
| er schmolz | er schmölze |
| wir schmolzen | wir schmölzen |
| ihr schmolzt | ihr schmölzet |
| sie schmolzen | sie schmölzen |

| **Perfect indicative** | **Future indicative** |
|---|---|
| ich habe geschmolzen | ich werde schmelzen |
| du hast geschmolzen | du wirst schmelzen |
| er hat geschmolzen | er wird schmelzen |
| wir haben geschmolzen | wir werden schmelzen |
| ihr habt geschmolzen | ihr werdet schmelzen |
| sie haben geschmolzen | sie werden schmelzen |

| **Pluperfect indicative** | **Conditional** |
|---|---|
| ich hatte geschmolzen | ich würde schmelzen |
| du hattest geschmolzen | du würdest schmelzen |
| er hatte geschmolzen | er würde schmelzen |
| wir hatten geschmolzen | wir würden schmelzen |
| ihr hattet geschmolzen | ihr würdet schmelzen |
| sie hatten geschmolzen | sie würden schmelzen |

TO MIX *mischen*
**Present participle** *mischend*
**Past participle** *gemischt*
**Imperative** misch(e)! mischen wir! mischt!
mischen Sie!

**Present indicative**
ich mische
du mischst
er mischt
wir mischen
ihr mischt
sie mischen

**Present subjunctive**
ich mische
du mischest
er mische
wir mischen
ihr mischet
sie mischen

**Imperfect indicative**
ich mischte
du mischtest
er mischte
wir mischten
ihr mischtet
sie mischten

**Imperfect subjunctive**
ich mischte
du mischtest
er mischte
wir mischten
ihr mischtet
sie mischten

**Perfect indicative**
ich habe gemischt
du hast gemischt
er hat gemischt
wir haben gemischt
ihr habt gemischt
sie haben gemischt

**Future indicative**
ich werde mischen
du wirst mischen
er wird mischen
wir werden mischen
ihr werdet mischen
sie werden mischen

**Pluperfect indicative**
ich hatte gemischt
du hattest gemischt
er hatte gemischt
wir hatten gemischt
ihr hattet gemischt
sie hatten gemischt

**Conditional**
ich würde mischen
du würdest mischen
er würde mischen
wir würden mischen
ihr würdet mischen
sie würden mischen

TO NAME, CALL *nennen*
**Present participle** *nennend*
**Past participle** *genannt*
**Imperative** nenn(e)! nennen wir! nennt! nennen
Sie!

---

**Present indicative**
ich nenne
du nennst
er nennt
wir nennen
ihr nennt
sie nennen

**Present subjunctive**
ich nenne
du nennest
er nenne
wir nennen
ihr nennet
sie nennen

**Imperfect indicative**
ich nannte
du nanntest
er nannte
wir nannten
ihr nanntet
sie nannten

**Imperfect subjunctive**
ich nennte
du nenntest
er nennte
wir nennten
ihr nenntet
sie nennten

**Perfect indicative**
ich habe genannt
du hast genannt
er hat genannt
wir haben genannt
ihr habt genannt
sie haben genannt

**Future indicative**
ich werde nennen
du wirst nennen
er wird nennen
wir werden nennen
ihr werdet nennen
sie werden nennen

**Pluperfect indicative**
ich hatte genannt
du hattest genannt
er hatte genannt
wir hatten genannt
ihr hattet genannt
sie hatten genannt

**Conditional**
ich würde nennen
du würdest nennen
er würde nennen
wir würden nennen
ihr würdet nennen
sie würden nennen

TO OFFER *bieten*
**Present participle** *bietend*
**Past participle** *geboten*
**Imperative** biet(e)! bieten wir! bietet! bieten Sie!

---

**Present indicative**
ich biete
du bietest
er bietet
wir bieten
ihr bietet
sie bieten

**Present subjunctive**
ich biete
du bietest
er biete
wir bieten
ihr bietet
sie bieten

**Imperfect indicative**
ich bot
du bot(e)st
er bot
wir boten
ihr botet
sie boten

**Imperfect subjunctive**
ich böte
du bötest
er böte
wir böten
ihr bötet
sie böten

**Perfect indicative**
ich habe geboten
du hast geboten
er hat geboten
wir haben geboten
ihr habt geboten
sie haben geboten

**Future indicative**
ich werde bieten
du wirst bieten
er wird bieten
wir werden bieten
ihr werdet bieten
sie werden bieten

**Pluperfect indicative**
ich hatte geboten
du hattest geboten
er hatte geboten
wir hatten geboten
ihr hattet geboten
sie hatten geboten

**Conditional**
ich würde bieten
du würdest bieten
er würde bieten
wir würden bieten
ihr würdet bieten
sie würden bieten

TO OPEN *öffnen*
**Present participle** *öffnend*
**Past participle** *geöffnet*
**Imperative** öffne! öffnen wir! öffnet! öffnen Sie!

---

**Present indicative**
ich öffne
du öffnest
er öffnet
wir öffnen
ihr öffnet
sie öffnen

**Present subjunctive**
ich öffne
du öffnest
er öffne
wir öffnen
ihr öffnet
sie öffnen

**Imperfect indicative**
ich öffnete
du öffnetest
er öffnete
wir öffneten
ihr öffnetet
sie öffneten

**Imperfect subjunctive**
ich öffnete
du öffnetest
er öffnete
wir öffneten
ihr öffnetet
sie öffneten

**Perfect indicative**
ich habe geöffnet
du hast geöffnet
er hat geöffnet
wir haben geöffnet
ihr habt geöffnet
sie haben geöffnet

**Future indicative**
ich werde öffnen
du wirst öffnen
er wird öffnen
wir werden öffnen
ihr werdet öffnen
sie werden öffnen

**Pluperfect indicative**
ich hatte geöffnet
du hattest geöffnet
er hatte geöffnet
wir hatten geöffnet
ihr hattet geöffnet
sie hatten geöffnet

**Conditional**
ich würde öffnen
du würdest öffnen
er würde öffnen
wir würden öffnen
ihr würdet öffnen
sie würden öffnen

TO PACK *packen*
**Present participle** *packend*
**Past participle** *gepackt*
**Imperative** pack(e)! packen wir! packt! packen Sie!

**Present indicative**
ich packe
du packst
er packt
wir packen
ihr packt
sie packen

**Present subjunctive**
ich packe
du packest
er packe
wir packen
ihr packet
sie packen

**Imperfect indicative**
ich packte
du packtest
er packte
wir packten
ihr packtet
sie packten

**Imperfect subjunctive**
ich packte
du packtest
er packte
wir packten
ihr packtet
sie packten

**Perfect indicative**
ich habe gepackt
du hast gepackt
er hat gepackt
wir haben gepackt
ihr habt gepackt
sie haben gepackt

**Future indicative**
ich werde packen
du wirst packen
er wird packen
wir werden packen
ihr werdet packen
sie werden packen

**Pluperfect indicative**
ich hatte gepackt
du hattest gepackt
er hatte gepackt
wir hatten gepackt
ihr hattet gepackt
sie hatten gepackt

**Conditional**
ich würde packen
du würdest packen
er würde packen
wir würden packen
ihr würdet packen
sie würden packen

TO PARK *parken*
**Present participle** *parkend*
**Past participle** *geparkt*
**Imperative** park(e)! parken wir! parkt! parken Sie!

---

**Present indicative**
ich parke
du parkst
er parkt
wir parken
ihr parkt
sie parken

**Present subjunctive**
ich parke
du parkst
er parke
wir parken
ihr parkt
sie parken

**Imperfect indicative**
ich parkte
du parktest
er parkte
wir parkten
ihr parktet
sie parkten

**Imperfect subjunctive**
ich parkte
du parktest
er parkte
wir parkten
ihr parktet
sie parkten

**Perfect indicative**
ich habe geparkt
du hast geparkt
er hat geparkt
wir haben geparkt
ihr habt geparkt
sie haben geparkt

**Future indicative**
ich werde parken
du wirst parken
er wird parken
wir werden parken
ihr werdet parken
sie werden parken

**Pluperfect indicative**
ich hatte geparkt
du hattest geparkt
er hatte geparkt
wir hatten geparkt
ihr hattet geparkt
sie hatten geparkt

**Conditional**
ich würde parken
du würdest parken
er würde parken
wir würden parken
ihr würdet parken
sie würden parken

TO PAY *zahlen*
**Present participle** *zahlend*
**Past participle** *gezahlt*
**Imperative** zahl(e)! zahlen wir! zahlt! zaheln Sie!

---

**Present indicative**
ich zahle
du zahlst
er zahlt
wir zahlen
ihr zahlt
sie zahlen

**Present subjunctive**
ich zahle
du zahlest
er zahle
wir zahlen
ihr zahlet
sie zahlen

**Imperfect indicative**
ich zahlte
du zahltest
er zahlte
wir zahlten
ihr zahltet
sie zahlten

**Imperfect subjunctive**
ich zahlte
du zahltest
er zahlte
wir zahlten
ihr zahltet
sie zahlten

**Perfect indicative**
ich habe gezahlt
du hast gezahlt
er hat gezahlt
wir haben gezahlt
ihr habt gezahlt
sie haben gezahlt

**Future indicative**
ich werde zahlen
du wirst zahlen
er wird zahlen
wir werden zahlen
ihr werdet zahlen
sie werden zahlen

**Pluperfect indicative**
ich hatte gezahlt
du hattest gezahlt
er hatte gezahlt
wir hatten gezahlt
ihr hattet gezahlt
sie hatten gezahlt

**Conditional**
ich würde zahlen
du würdest zahlen
er würde zahlen
wir würden zahlen
ihr würdet zahlen
sie würden zahlen

TO PENETRATE *dringen*
**Present participle** *dringend*
**Past participle** *gedrungen*
**Imperative** dring(e)! dringen wir! dringt! dringen Sie!

| | |
|---|---|
| **Present indicative** | **Present subjunctive** |
| ich dringe | ich dringe |
| du dringst | du dringest |
| er dringt | er dringe |
| wir dringen | wir dringen |
| ihr dringt | ihr dringet |
| sie dringen | sie dringen |
| | |
| **Imperfect indicative** | **Imperfect subjunctive** |
| ich drang | ich dränge |
| du drangst | du drängest |
| er drang | er dränge |
| wir drangen | wir drängen |
| ihr drangt | ihr dränget |
| sie drangen | sie drängen |
| | |
| **Perfect indicative** | **Future indicative** |
| ich bin gedrungen | ich werde dringen |
| du bist gedrungen | du wirst dringen |
| er ist gedrungen | er wird dringen |
| wir sind gedrungen | wir werden dringen |
| ihr seid gedrungen | ihr werdet dringen |
| sie sind gedrungen | sie werden dringen |
| | |
| **Pluperfect indicative** | **Conditional** |
| ich war gedrungen | ich würde dringen |
| du warst gedrungen | du würdest dringen |
| er war gedrungen | er würde dringen |
| wir waren gedrungen | wir würden dringen |
| ihr wart gedrungen | ihr würdet dringen |
| sie waren gedrungen | sie würden dringen |

TO PINCH *kneifen*
**Present participle** *kneifend*
**Past participle** *gekniffen*
**Imperative** kneif(e)! kneifen wir! kneift! kneifen
Sie!

**Present indicative**
ich kneife
du kneifst
er kneift
wir kneifen
ihr kneift
sie kneifen

**Present subjunctive**
ich kneife
du kneifest
er kneife
wir kneifen
ihr kneifet
sie kneifen

**Imperfect indicative**
ich kniff
du kniffst
er kniff
wir kniffen
ihr knifft
sie kniffen

**Imperfect subjunctive**
ich kniffe
du kniffest
er kniffe
wir kniffen
ihr kniffet
sie kniffen

**Perfect indicative**
ich habe gekniffen
du hast gekniffen
er hat gekniffen
wir haben gekniffen
ihr habt gekniffen
sie haben gekniffen

**Future indicative**
ich werde kneifen
du wirst kneifen
er wird kneifen
wir werden kneifen
ihr werdet kneifen
sie werden kneifen

**Pluperfect indicative**
ich hatte gekniffen
du hattest gekniffen
er hatte gekniffen
wir hatten gekniffen
ihr hattet gekniffen
sie hatten gekniffen

**Conditional**
ich würde kneifen
du würdest kneifen
er würde kneifen
wir würden kneifen
ihr würdet kneifen
sie würden kneifen

TO PLAY *spielen*
**Present participle** *spielend*
**Past participle** *gespielt*
**Imperative** spiel(e)! spielen wir! spielt! spielen Sie!

**Present indicative**
ich spiele
du spielst
er spielt
wir spielen
ihr spielt
sie spielen

**Present subjunctive**
ich spiele
du spielest
er spiele
wir spielen
ihr spielet
sie spielen

**Imperfect indicative**
ich spielte
du spieltest
er spielte
wir spielten
ihr spieltet
sie spielten

**Imperfect subjunctive**
ich spielte
du spieltest
er spielte
wir spielten
ihr spieltet
sie spielten

**Perfect indicative**
ich habe gespielt
du hast gespielt
er hat gespielt
wir haben gespielt
ihr habt gespielt
sie haben gespielt

**Future indicative**
ich werde spielen
du wirst spielen
er wird spielen
wir werden spielen
ihr werdet spielen
sie werden spielen

**Pluperfect indicative**
ich hatte gespielt
du hattest gespielt
er hatte gespielt
wir hatten gespielt
ihr hattet gespielt
sie hatten gespielt

**Conditional**
ich würde spielen
du würdest spielen
er würde spielen
wir würden spielen
ihr würdet spielen
sie würden spielen

<small>TO PONDER</small> *wägen*
**Present participle** *wägend*
**Past participle** *gewogen*
**Imperative** wäg(e)! wägen wir! wägt! wägen Sie!

| Present indicative | Present subjunctive |
|---|---|
| ich wäge | ich wäge |
| du wägst | du wägest |
| er wägt | er wäge |
| wir wägen | wir wägen |
| ihr wägt | ihr wäget |
| sie wägen | sie wägen |

| Imperfect indicative | Imperfect subjunctive |
|---|---|
| ich wog | ich wöge |
| du wogst | du wögest |
| er wog | er wöge |
| wir wogen | wir wögen |
| ihr wogt | ihr wöget |
| sie wogen | sie wögen |

| Perfect indicative | Future indicative |
|---|---|
| ich habe gewogen | ich werde wägen |
| du hast gewogen | du wirst wägen |
| er hat gewogen | er wird wägen |
| wir haben gewogen | wir werden wägen |
| ihr habt gewogen | ihr werdet wägen |
| sie haben gewogen | sie werden wägen |

| Pluperfect indicative | Conditional |
|---|---|
| ich hatte gewogen | ich würde wägen |
| du hattest gewogen | du würdest wägen |
| er hatte gewogen | er würde wägen |
| wir hatten gewogen | wir würden wägen |
| ihr hattet gewogen | ihr würdet wägen |
| sie hatten gewogen | sie würden wägen |

TO POUR *gießen*
**Present participle** *gießend*
**Past participle** *gegossen*
**Imperative** gieß(e)! gießen wir! gießt! gießen Sie!

**Present indicative**
ich gieße
du gießt
er gießt
wir gießen
ihr gießt
sie gießen

**Present subjunctive**
ich gieße
du gießest
er gieße
wir gießen
ihr gießet
sie gießen

**Imperfect indicative**
ich goß
du gossest
er goß
wir gossen
ihr goßt
sie gossen

**Imperfect subjunctive**
ich gösse
du gössest
er gösse
wir gössen
ihr gösset
sie gössen

**Perfect indicative**
ich habe gegossen
du hast gegossen
er hat gegossen
wir haben gegossen
ihr habt gegossen
sie haben gegossen

**Future indicative**
ich werde gießen
du wirst gießen
er wird gießen
wir werden gießen
ihr werdet gießen
sie werden gießen

**Pluperfect indicative**
ich hatte gegossen
du hattest gegossen
er hatte gegossen
wir hatten gegossen
ihr hattet gegossen
sie hatten gegossen

**Conditional**
ich würde gießen
du würdest gießen
er würde gießen
wir würden gießen
ihr würdet gießen
sie würden gießen

TO PRAISE *preisen*
**Present participle** *preisend*
**Past participle** *gepriesen*
**Imperative** preis(e)! preisen wir! preist! preisen
Sie!

---

**Present indicative**
ich preise
du preist
er preist
wir preisen
ihr preist
sie preisen

**Present subjunctive**
ich preise
du preisest
er preise
wir preisen
ihr preiset
sie preisen

**Imperfect indicative**
ich pries
du priesest
er pries
wir priesen
ihr priest
sie priesen

**Imperfect subjunctive**
ich priese
du priesest
er priese
wir priesen
ihr prieset
sie priesen

**Perfect indicative**
ich habe gepriesen
du hast gepriesen
er hat gepriesen
wir haben gepriesen
ihr habt gepriesen
sie haben gepriesen

**Future indicative**
ich werde preisen
du wirst preisen
er wird preisen
wir werden preisen
ihr werdet preisen
sie werden preisen

**Pluperfect indicative**
ich hatte gepriesen
du hattest gepriesen
er hatte gepriesen
wir hatten gepriesen
ihr hattet gepriesen
sie hatten gepriesen

**Conditional**
ich würde preisen
du würdest preisen
er würde preisen
wir würden preisen
ihr würdet preisen
sie würden preisen

TO PREVENT *hindern*
**Present participle** *hindernd*
**Past participle** *gehindert*
**Imperative** hinder(e)! hindern wir! hindert!
hindern Sie!

## Present indicative
ich hindere
du hinderst
er hindert
wir hindern
ihr hindert
sie hindern

## Present subjunctive
ich hindere
du hinderst
er hindere
wir hindern
ihr hindert
sie hindern

## Imperfect indicative
ich hinderte
du hindertest
er hinderte
wir hinderten
ihr hindertet
sie hinderten

## Imperfect subjunctive
ich hinderte
du hindertest
er hinderte
wir hinderten
ihr hindertet
sie hinderten

## Perfect indicative
ich habe gehindert
du hast gehindert
er hat gehindert
wir haben gehindert
ihr habt gehindert
sie haben gehindert

## Future indicative
ich werde hindern
du wirst hindern
er wird hindern
wir werden hindern
ihr werdet hindern
sie werden hindern

## Pluperfect indicative
ich hatte gehindert
du hattest gehindert
er hatte gehindert
wir hatten gehindert
ihr hattet gehindert
sie hatten gehindert

## Conditional
ich würde hindern
du würdest hindern
er würde hindern
wir würden hindern
ihr würdet hindern
sie würden hindern

TO PUSH *schieben*
**Present participle** *schiebend*
**Past participle** *geschoben*
**Imperative** schieb(e)! schieben wir! schiebt!
schieben Sie!

| **Present indicative** | **Present subjunctive** |
|---|---|
| ich schiebe | ich schiebe |
| du schiebst | du schiebest |
| er schiebt | er schiebe |
| wir schieben | wir schieben |
| ihr schiebt | ihr schiebet |
| sie schieben | sie schieben |

| **Imperfect indicative** | **Imperfect subjunctive** |
|---|---|
| ich schob | ich schöbe |
| du schobst | du schöbest |
| er schob | er schöbe |
| wir schoben | wir schöben |
| ihr schobt | ihr schöbet |
| sie schoben | sie schöben |

| **Perfect indicative** | **Future indicative** |
|---|---|
| ich habe geschoben | ich werde schieben |
| du hast geschoben | du wirst schieben |
| er hat geschoben | er wird schieben |
| wir haben geschoben | wir werden schieben |
| ihr habt geschoben | ihr werdet schieben |
| sie haben geschoben | sie werden schieben |

| **Pluperfect indicative** | **Conditional** |
|---|---|
| ich hatte geschoben | ich würde schieben |
| du hattest geschoben | du würdest schieben |
| er hatte geschoben | er würde schieben |
| wir hatten geschoben | wir würden schieben |
| ihr hattet geschoben | ihr würdet schieben |
| sie hatten geschoben | sie würden schieben |

TO PUSH *stoßen*
**Present participle** *stoßend*
**Past participle** *gestoßen*
**Imperative** stoß(e)! stoßen wir! stoßt! stoßen Sie!

---

**Present indicative**
ich stoße
du stößt
er stößt
wir stoßen
ihr stoßt
sie stoßen

**Present subjunctive**
ich stoße
du stoßest
er stoße
wir stoßen
ihr stoßet
sie stoßen

**Imperfect indicative**
ich stieß
du stießest
er stieß
wir stießen
ihr stießt
sie stießen

**Imperfect subjunctive**
ich stieße
du stießest
er stieße
wir stießen
ihr stießet
sie stießen

**Perfect indicative**
ich habe gestoßen
du hast gestoßen
er hat gestoßen
wir haben gestoßen
ihr habt gestoßen
sie haben gestoßen

**Future indicative**
ich werde stoßen
du wirst stoßen
er wird stoßen
wir werden stoßen
ihr werdet stoßen
sie werden stoßen

**Pluperfect indicative**
ich hatte gestoßen
du hattest gestoßen
er hatte gestoßen
wir hatten gestoßen
ihr hattet gestoßen
sie hatten gestoßen

**Conditional**
ich würde stoßen
du würdest stoßen
er würde stoßen
wir würden stoßen
ihr würdet stoßen
sie würden stoßen

TO PUT *stellen*
**Present participle** *stellend*
**Past participle** *gestellt*
**Imperative** stell(e)! stellen wir! stellt! stellen Sie!

---

**Present indicative**
ich stelle
du stellst
er stellt
wir stellen
ihr stellt
sie stellen

**Present subjunctive**
ich stelle
du stellest
er stelle
wir stellen
ihr stellet
sie stellen

**Imperfect indicative**
ich stellte
du stelltest
er stellte
wir stellten
ihr stelltet
sie stellten

**Imperfect subjunctive**
ich stellte
du stelltest
er stellte
wir stellten
ihr stelltet
sie stellten

**Perfect indicative**
ich habe gestellt
du hast gestellt
er hat gestellt
wir haben gestellt
ihr habt gestellt
sie haben gestellt

**Future indicative**
ich werde stellen
du wirst stellen
er wird stellen
wir werden stellen
ihr werdet stellen
sie werden stellen

**Pluperfect indicative**
ich hatte gestellt
du hattest gestellt
er hatte gestellt
wir hatten gestellt
ihr hattet gestellt
sie hatten gestellt

**Conditional**
ich würde stellen
du würdest stellen
er würde stellen
wir würden stellen
ihr würdet stellen
sie würden stellen

TO QUARREL *streiten*
**Present participle** *streitend*
**Past participle** *gestritten*
**Imperative** streit(e)! streiten wir! streitet!
streiten Sie!

**Present indicative**
ich streite
du streitest
er streitet
wir streiten
ihr streitet
sie streiten

**Present subjunctive**
ich streite
du streitest
er streite
wir streiten
ihr streitet
sie streiten

**Imperfect indicative**
ich stritt
du stritt(e)st
er stritt
wir stritten
ihr strittet
sie stritten

**Imperfect subjunctive**
ich stritte
du strittest
er stritte
wir stritten
ihr strittet
sie stritten

**Perfect indicative**
ich habe gestritten
du hast gestritten
er hat gestritten
wir haben gestritten
ihr habt gestritten
sie haben gestritten

**Future indicative**
ich werde streiten
du wirst streiten
er wird streiten
wir werden streiten
ihr werdet streiten
sie werden streiten

**Pluperfect indicative**
ich hatte gestritten
du hattest gestritten
er hatte gestritten
wir hatten gestritten
ihr hattet gestritten
sie hatten gestritten

**Conditional**
ich würde streiten
du würdest streiten
er würde streiten
wir würden streiten
ihr würdet streiten
sie würden streiten

TO READ *lesen*
**Present participle** *lesend*
**Past participle** *gelesen*
**Imperative** lies(e)! lesen wir! lest! lesen Sie!

---

**Present indicative**
ich lese
du liest
er liest
wir lesen
ihr lest
sie lesen

**Present subjunctive**
ich lese
du lesest
er lese
wir lesen
ihr leset
sie lesen

**Imperfect indicative**
ich las
du lasest
er las
wir lasen
ihr last
sie lasen

**Imperfect subjunctive**
ich läse
du läsest
er läse
wir läsen
ihr läset
sie läsen

**Perfect indicative**
ich habe gelesen
du hast gelesen
er hat gelesen
wir haben gelesen
ihr habt gelesen
sie haben gelesen

**Future indicative**
ich werde lesen
du wirst lesen
er wird lesen
wir werden lesen
ihr werdet lesen
sie werden lesen

**Pluperfect indicative**
ich hatte gelesen
du hattest gelesen
er hatte gelesen
wir hatten gelesen
ihr hattet gelesen
sie hatten gelesen

**Conditional**
ich würde lesen
du würdest lesen
er würde lesen
wir würde lesen
ihr würdet lesen
sie würden lesen

TO RECOMMEND *empfehlen*
**Present participle** *empfehlend*
**Past participle** *empfohlen*
**Imperative** empfiehl! empfehlen wir! empfehlt!
empfehlen Sie!

| **Present indicative** | **Present subjunctive** |
|---|---|
| ich empfehle | ich empfehle |
| du empfiehlst | du empfehlest |
| er empfiehlt | er empfehle |
| wir empfehlen | wir empfehlen |
| ihr empfehlt | ihr empfehlet |
| sie empfehlen | sie empfehlen |

| **Imperfect indicative** | **Imperfect subjunctive** |
|---|---|
| ich empfahl | ich empföhle |
| du empfahlst | du empföhlest |
| er empfahl | er empföhle |
| wir empfahlen | wir empföhlen |
| ihr empfahlt | ihr empföhlet |
| sie empfahlen | sie empföhlen |

| **Perfect indicative** | **Future indicative** |
|---|---|
| ich habe empfohlen | ich werde empfehlen |
| du hast empfohlen | du wirst empfehlen |
| er hat empfohlen | er wird empfehlen |
| wir haben empfohlen | wir werden empfehlen |
| ihr habt empfohlen | ihr werdet empfehlen |
| sie haben empfohlen | sie werden empfehlen |

| **Pluperfect indicative** | **Conditional** |
|---|---|
| ich hatte empfohlen | ich würde empfehlen |
| du hattest empfohlen | du würdest empfehlen |
| er hatte empfohlen | er würde empfehlen |
| wir hatten empfohlen | wi würden empfehlen |
| ihr hattet empfohlen | ihr würdet empfehlen |
| sie hatten empfohlen | sie würden empfehlen |

TO RECOVER *genesen*
**Present participle** *genesend*
**Past participle** *genesen*
**Imperative** genese! genesen wir! genest! genesen
Sie!

**Present indicative**
ich genese
du genest
er genest
wir genesen
ihr genest
sie genesen

**Present subjunctive**
ich genese
du genesest
er genese
wir genesen
ihr geneset
sie genesen

**Imperfect indicative**
ich genas
du genasest
er genas
wir genasen
ihr genast
sie genasen

**Imperfect subjunctive**
ich genäse
du genäsest
er genäse
wir genäsen
ihr genäset
sie genäsen

**Perfect indicative**
ich bin genesen
du bist genesen
er ist genesen
wir sind genesen
ihr seid genesen
sie sind genesen

**Future indicative**
ich werde genesen
du wirst genesen
er wird genesen
wir werden genesen
ihr werdet genesen
sie werden genesen

**Pluperfect indicative**
ich war genesen
du warst genesen
er war genesen
wir waren genesen
ihr wart genesen
sie waren genesen

**Conditional**
ich würde genesen
du würdest genesen
er würde genesen
wir würden genesen
ihr würdet genesen
sie würden genesen

TO RECRUIT, ADVERTISE *werben*
**Present participle** *werbend*
**Past participle** *geworben* (can be used with the auxiliary '*sein*' to mean 'to be recruited')
**Imperative** wirb! werben wir! werbt! werben Sie!

**Present indicative**
ich werbe
du wirbst
er wirbt
wir werben
ihr werbt
sie werben

**Present subjunctive**
ich werbe
du werbest
er werbe
wir werben
ihr werbet
sie werben

**Imperfect indicative**
ich warb
du warbst
er warb
wir warben
ihr warbt
sie warben

**Imperfect subjunctive**
ich würbe
du würbest
er würbe
wir würben
ihr würbet
sie würben

**Perfect indicative**
ich habe geworben
du hast geworben
er hat geworben
wir haben geworben
ihr habt geworben
sie haben geworben

**Future indicative**
ich werde werben
du wirst werben
er wird werben
wir werden werben
ihr werdet werben
sie werden werben

**Pluperfect indicative**
ich hatte geworben
du hattest geworben
er hatte geworben
wir hatten geworben
ihr hattet geworben
sie hatten geworben

**Conditional**
ich würde werben
du würdest werben
er würde werben
wir würden werben
ihr würdet werben
sie würden werben

TO REGULATE *regeln*
**Present participle** *regelnd*
**Past participle** *geregelt*
**Imperative** regel(e)! regeln wir! regelt! regeln Sie!

---

**Present indicative**
ich reg(e)le
du regelst
er regelt
wir regeln
ihr regelt
sie regeln

**Present subjunctive**
ich reg(e)le
du regelst
er reg(e)le
wir regeln
ihr regelt
sie regeln

**Imperfect indicative**
ich regelte
du regeltest
er regelte
wir regelten
ihr regeltet
sie regelten

**Imperfect subjunctive**
ich regelte
du regeltest
er regelte
wir regelten
ihr regeltet
sie regelten

**Perfect indicative**
ich habe geregelt
du hast geregelt
er hat geregelt
wir haben geregelt
ihr habt geregelt
sie haben geregelt

**Future indicative**
ich werde regeln
du wirst regeln
er wird regeln
wir werden regeln
ihr werdet regeln
sie werden regeln

**Pluperfect indicative**
ich hatte geregelt
du hattest geregelt
er hatte geregelt
wir hatten geregelt
ihr hattet geregelt
sie hatten geregelt

**Conditional**
ich würde regeln
du würdest regeln
er würde regeln
wir würden regeln
ihr würdet regeln
sie würden regeln

TO REMAIN *bleiben*
**Present participle** *bleibend*
**Past participle** *geblieben*
**Imperative** bleib(e)! bleiben wir! bleibt! bleiben
Sie!

**Present indicative**
ich bleibe
du bleibst
er bleibt
wir bleiben
ihr bleibt
sie bleiben

**Present subjunctive**
ich bleibe
du bleibest
er bleibe
wir bleiben
ihr bleibet
sie bleiben

**Imperfect indicative**
ich blieb
du bliebst
er blieb
wir blieben
ihr bliebt
sie blieben

**Imperfect subjunctive**
ich bliebe
du bliebest
er bliebe
wir blieben
ihr bliebet
sie blieben

**Perfect indicative**
ich bin geblieben
du bist geblieben
er ist geblieben
wir sind geblieben
ihr seid geblieben
sie sind geblieben

**Future indicative**
ich werde bleiben
du wirst bleiben
er wird bleiben
wir werden bleiben
ihr werdet bleiben
sie werden bleiben

**Pluperfect indicative**
ich war geblieben
du warst geblieben
er war geblieben
wir waren geblieben
ihr wart geblieben
sie waren geblieben

**Conditional**
ich würde bleiben
du würdest bleiben
er würde bleiben
wir würden bleiben
ihr würdet bleiben
sie würden bleiben

TO REQUEST *bitten*
**Present participle** *bittend*
**Past participle** *gebeten*
**Imperative** bitt(e)! bitten wir! bittet! bitten Sie!

| **Present indicative** | **Present subjunctive** |
|---|---|
| ich bitte | ich bitte |
| du bittest | du bittest |
| er bittet | er bitte |
| wir bitten | wir bitten |
| ihr bittet | ihr bittet |
| sie bitten | sie bitten |

| **Imperfect indicative** | **Imperfect subjunctive** |
|---|---|
| ich bat | ich bäte |
| du bat(e)st | du bätest |
| er bat | er bäte |
| wir baten | wir bäten |
| ihr batet | ihr bätet |
| sie baten | sie bäten |

| **Perfect indicative** | **Future indicative** |
|---|---|
| ich habe gebeten | ich werde bitten |
| du hast gebeten | du wirst bitten |
| er hat gebeten | er wird bitten |
| wir haben gebeten | wir werden bitten |
| ihr habt gebeten | ihr werdet bitten |
| sie haben gebeten | sie werden bitten |

| **Pluperfect indicative** | **Conditional** |
|---|---|
| ich hatte gebeten | ich würde bitten |
| du hattest gebeten | du würdest bitten |
| er hatte gebeten | er würde bitten |
| wir hatten gebeten | wir würden bitten |
| ihr hattet gebeten | ihr würdet bitten |
| sie hatten gebeten | sie würden bitten |

TO RESCUE, TO HIDE *bergen*
**Present participle** *bergend*
**Past participle** *geborgen*
**Imperative** birg! bergen wir! bergt! bergen Sie!

**Present indicative**
ich berge
du birgst
er birgt
wir bergen
ihr bergt
sie bergen

**Present subjunctive**
ich berge
du bergest
er berge
wir bergen
ihr berget
sie bergen

**Imperfect indicative**
ich barg
du bargst
er barg
wir bargen
ihr bargt
sie bargen

**Imperfect subjunctive**
ich bärge
du bärgest
er bärge
wir bärgen
ihr bärget
sie bärgen

**Perfect indicative**
ich habe geborgen
du hast geborgen
er hat geborgen
wir haben geborgen
ihr habt geborgen
sie haben geborgen

**Future indicative**
ich werde bergen
du wirst bergen
er wird bergen
wir werden bergen
ihr werdet bergen
sie werden bergen

**Pluperfect indicative**
ich hatte geborgen
du hattest geborgen
er hatte geborgen
wir hatten geborgen
ihr hattet geborgen
sie hatten geborgen

**Conditional**
ich würde bergen
du würdest bergen
er würde bergen
wir würden bergen
ihr würdet bergen
sie würden bergen

TO RESEMBLE *gleichen*
**Present participle** *gleichend*
**Past participle** *geglichen*
**Imperative** gleich(e)! gleichen wir! gleicht! gleichen Sie!

**Present indicative**
ich gleiche
du gleichst
er gleicht
wir gleichen
ihr gleicht
sie gleichen

**Present subjunctive**
ich gleiche
du gleichest
er gleiche
wir gleichen
ihr gleichet
sie gleichen

**Imperfect indicative**
ich glich
du glichst
er glich
wir glichen
ihr glicht
sie glichen

**Imperfect subjunctive**
ich gliche
du glichest
er gliche
wir glichen
ihr glichet
sie glichen

**Perfect indicative**
ich habe geglichen
du hast geglichen
er hat geglichen
wir haben geglichen
ihr habt geglichen
sie haben geglichen

**Future indicative**
ich werde gleichen
du wirst gleichen
er wird gleichen
wir werden gleichen
ihr werdet gleichen
sie werden gleichen

**Pluperfect indicative**
ich hatte geglichen
du hattest geglichen
er hatte geglichen
wir hatten geglichen
ihr hattet geglichen
sie hatten geglichen

**Conditional**
ich würde gleichen
du würdest gleichen
er würde gleichen
wir würden gleichen
ihr würdet gleichen
sie würden gleichen

TO RIDE (a horse) *reiten*
**Present participle** *reitend*
**Past participle** *geritten* (can alternatively be used with the auxiliary '*sein*')
**Imperative** reit(e)! reiten wir! reitet! reiten Sie!

**Present indicative**
ich reite
du reitest
er reitet
wir reiten
ihr reitet
sie reiten

**Present subjunctive**
ich reite
du reitest
er reite
wir reiten
ihr reitet
sie reiten

**Imperfect indicative**
ich ritt
du ritt(e)st
er ritt
wir ritten
ihr rittet
sie ritten

**Imperfect subjunctive**
ich ritte
du rittest
er ritte
wir ritten
ihr rittet
sie ritten

**Perfect indicative**
ich habe geritten
du hast geritten
er hat geritten
wir haben geritten
ihr habt geritten
sie haben geritten

**Future indicative**
ich werde reiten
du wirst reiten
er wird reiten
wir werden reiten
ihr werdet reiten
sie werden reiten

**Pluperfect indicative**
ich hatte geritten
du hattest geritten
er hatte geritten
wir hatten geritten
ihr hattet geritten
sie hatten geritten

**Conditional**
ich würde reiten
du würdest reiten
er würde reiten
wir würden reiten
ihr würdet reiten
sie würden reiten

TO RING *klingeln*
**Present participle** *klingelnd*
**Past participle** *geklingelt*
**Imperative** klingel(e)! klingeln wir! klingelt!
klingeln Sie!

| **Present indicative** | **Present subjunctive** |
|---|---|
| ich klingele | ich klingele |
| du klingelst | du klingelest |
| er klingelt | er klingele |
| wir klingeln | wir klingeln |
| ihr klingelt | ihr klingelt |
| sie klingeln | sie klingeln |

| **Imperfect indicative** | **Imperfect subjunctive** |
|---|---|
| ich klingelte | ich klingelte |
| du klingeltest | du klingeltest |
| er klingelte | er klingelte |
| wir klingelten | wir klingelten |
| ihr klingeltet | ihr klingeltet |
| sie klingelten | sie klingelten |

| **Perfect indicative** | **Future indicative** |
|---|---|
| ich habe geklingelt | ich werde klingeln |
| du hast geklingelt | du wirst klingeln |
| er hat geklingelt | er wird klingeln |
| wir haben geklingelt | wir werden klingeln |
| ihr habt geklingelt | ihr werdet klingeln |
| sie haben geklingelt | sie werden klingeln |

| **Pluperfect indicative** | **Conditional** |
|---|---|
| ich hatte geklingelt | ich würde klingeln |
| du hattest geklingelt | du würdest klingeln |
| er hatte geklingelt | er würde klingeln |
| wir hatten geklingelt | wir würden klingeln |
| ihr hattet geklingelt | ihr würdet klingeln |
| sie hatten geklingelt | sie würden klingeln |

TO ROAM *wandern*
**Present participle** *wandernd*
**Past participle** *gewandert*
**Imperative** wandre! wandern wir! wandert!
wandern Sie!

| **Present indicative** | **Present subjunctive** |
|---|---|
| ich wand(e)re | ich wand(e)re |
| du wanderst | du wandrest |
| er wandert | er wand(e)re |
| wir wandern | wir wandern |
| ihr wandert | ihr wandert |
| sie wandern | sie wandern |

| **Imperfect indicative** | **Imperfect subjunctive** |
|---|---|
| ich wanderte | ich wanderte |
| du wandertest | du wandertest |
| er wanderte | er wanderte |
| wir wanderten | wir wanderten |
| ihr wandertet | ihr wandertet |
| sie wanderten | sie wanderten |

| **Perfect indicative** | **Future indicative** |
|---|---|
| ich habe gewandert | ich werde wandern |
| du hast gewandert | du wirst wandern |
| er hat gewandert | er wird wandern |
| wir haben gewandert | wir werden wandern |
| ihr habt gewandert | ihr werdet wandern |
| sie haben gewandert | sie werden wandern |

| **Pluperfect indicative** | **Conditional** |
|---|---|
| ich hatte gewandert | ich würde wandern |
| du hattest gewandert | du würdest wandern |
| er hatte gewandert | er würde wandern |
| wir hatten gewandert | wir würden wandern |
| ihr hattet gewandert | ihr würdet wandern |
| sie hatten gewandert | sie würden wandern |

TO ROB *rauben*
**Present participle** *raubend*
**Past participle** *geraubt*
**Imperative** raub(e)! rauben wir! raubt! rauben Sie!

---

**Present indicative**
ich raube
du raubst
er raubt
wir rauben
ihr raubt
sie rauben

**Present subjunctive**
ich raube
du raubest
er raube
wir rauben
ihr raubet
sie rauben

**Imperfect indicative**
ich raubte
du raubtest
er raubte
wir raubten
ihr raubtet
sie raubten

**Imperfect subjunctive**
ich raubte
du raubtest
er raubte
wir raubten
ihr raubtet
sie raubten

**Perfect indicative**
ich habe geraubt
du hast geraubt
er hat geraubt
wir haben geraubt
ihr habt geraubt
sie haben geraubt

**Future indicative**
ich werde rauben
du wirst rauben
er wird rauben
wir werden rauben
ihr werdet rauben
sie werden rauben

**Pluperfect indicative**
ich hatte geraubt
du hattest geraubt
er hatte geraubt
wir hatten geraubt
ihr hattet geraubt
sie hatten geraubt

**Conditional**
ich würde rauben
du würdest rauben
er würde rauben
wir würden rauben
ihr würdet rauben
sie würden rauben

TO RUB *reiben*
**Present participle** *reibend*
**Past participle** *gerieben*
**Imperative** reib(e)! reiben wir! reibt! reiben Sie!

---

**Present indicative**
ich reibe
du reibst
er reibt
wir reiben
ihr reibt
sie reiben

**Present subjunctive**
ich reibe
du reibest
er reibe
wir reiben
ihr reibet
sie reiben

**Imperfect indicative**
ich rieb
du riebst
er rieb
wir rieben
ihr riebt
sie rieben

**Imperfect subjunctive**
ich riebe
du riebest
er riebe
wir rieben
ihr riebet
sie rieben

**Perfect indicative**
ich habe gerieben
du hast gerieben
er hat gerieben
wir haben gerieben
ihr habt gerieben
sie haben gerieben

**Future indicative**
ich werde reiben
du wirst reiben
er wird reiben
wir werden reiben
ihr werdet reiben
sie werden reiben

**Pluperfect indicative**
ich hatte gerieben
du hattest gerieben
er hatte gerieben
wir hatten gerieben
ihr hattet gerieben
sie hatten gerieben

**Conditional**
ich würde reiben
du würdest reiben
er würde reiben
wir würden reiben
ihr würdet reiben
sie würden reiben

TO RUN *laufen*
**Present participle** *laufend*
**Past participle** *gelaufen*
**Imperative** lauf(e)! laufen wir! lauft! laufen Sie!

**Present indicative**
ich laufe
du läufst
er läuft
wir laufen
ihr lauft
sie laufen

**Present subjunctive**
ich laufe
du laufest
er laufe
wir laufen
ihr laufet
sie laufen

**Imperfect indicative**
ich lief
du liefst
er lief
wir liefen
ihr lieft
sie liefen

**Imperfect subjunctive**
ich liefe
du liefest
er liefe
wir liefen
ihr liefet
sie liefen

**Perfect indicative**
ich bin gelaufen
du bist gelaufen
er ist gelaufen
wir sind gelaufen
ihr seid gelaufen
sie sind gelaufen

**Future indicative**
ich werde laufen
du wirst laufen
er wird laufen
wir werden laufen
ihr werdet laufen
sie werden laufen

**Pluperfect indicative**
ich war gelaufen
du warst gelaufen
er war gelaufen
wir waren gelaufen
ihr wart gelaufen
sie waren gelaufen

**Conditional**
ich würde laufen
du würdest laufen
er würde laufen
wir würden laufen
ihr würdet laufen
sie würden laufen

**Present participle** *rennend*
**Past participle** *gerannt*
**Imperative** renn(e)! rennen wir! rennt! rennen Sie!

---

**Present indicative**
ich renne
du rennst
er rennt
wir rennen
ihr rennt
sie rennen

**Present subjunctive**
ich renne
du rennest
er renne
wir rennen
ihr rennet
sie rennen

**Imperfect indicative**
ich rannte
du ranntest
er rannte
wir rannten
ihr ranntet
sie rannten

**Imperfect subjunctive**
ich rennte
du renntest
er rennte
wir rennten
ihr renntet
sie rennten

**Perfect indicative**
ich bin gerannt
du bist gerannt
er ist gerannt
wir sind gerannt
ihr seid gerannt
sie sind gerannt

**Future indicative**
ich werde rennen
du wirst rennen
er wird rennen
wir werden rennen
ihr werdet rennen
sie werden rennen

**Pluperfect indicative**
ich war gerannt
du warst gerannt
er war gerannt
wir waren gerannt
ihr wart gerannt
sie waren gerannt

**Conditional**
ich würde rennen
du würdest rennen
er würde rennen
wir würden rennen
ihr würdet rennen
sie würden rennen

TO SAVE *sparen*
**Present participle** *sparend*
**Past participle** *gespart*
**Imperative** spar(e)! sparen wir! spart! sparen Sie!

---

**Present indicative**
ich spare
du sparst
er spart
wir sparen
ihr spart
sie sparen

**Present subjunctive**
ich spare
du sparest
er spare
wir sparen
ihr sparet
sie sparen

**Imperfect indicative**
ich sparte
du spartest
er sparte
wir sparten
ihr spartet
sie sparten

**Imperfect subjunctive**
ich sparte
du spartest
er sparte
wir sparten
ihr spartet
sie sparten

**Perfect indicative**
ich habe gespart
du hast gespart
er hat gespart
wir haben gespart
ihr habt gespart
sie haben gespart

**Future indicative**
ich werde sparen
du wirst sparen
er wird sparen
wir werden sparen
ihr werdet sparen
sie werden sparen

**Pluperfect indicative**
ich hatte gespart
du hattest gespart
er hatte gespart
wir hatten gespart
ihr hattet gespart
sie hatten gespart

**Conditional**
ich würde sparen
du würdest sparen
er würde sparen
wir würden sparen
ihr würdet sparen
sie würden sparen

TO SAY *sagen*
**Present participle** *sagend*
**Past participle** *gesagt*
**Imperative** sag(e)! sagen wir! sagt! sagen Sie!

**Present indicative**
ich sage
du sagst
er sagt
wir sagen
ihr sagt
sie sagen

**Present subjunctive**
ich sage
du sagest
er sage
wir sagen
ihr saget
sie sagen

**Imperfect indicative**
ich sagte
du sagtest
er sagte
wir sagten
ihr sagtet
sie sagten

**Imperfect subjunctive**
ich sagte
du sagtest
er sagte
wir sagten
ihr sagtet
sie sagten

**Perfect indicative**
ich habe gesagt
du hast gesagt
er hat gesagt
wir haben gesagt
ihr habt gesagt
sie haben gesagt

**Future indicative**
ich werde sagen
du wirst sagen
er wird sagen
wir werden sagen
ihr werdet sagen
sie werden sagen

**Pluperfect indicative**
ich hatte gesagt
du hattest gesagt
er hatte gesagt
wir hatten gesagt
ihr hattet gesagt
sie hatten gesagt

**Conditional**
ich würde sagen
du würdest sagen
er würde sagen
wir würden sagen
ihr würdet sagen
sie würden sagen

TO SCOLD *schelten*
**Present participle** *scheltend*
**Past participle** *gescholten*
**Imperative** schilt! schelten wir! scheltet! schelten Sie!

**Present indicative**
ich schelte
du schiltst
er schilt
wir schelten
ihr scheltet
sie schelten

**Present subjunctive**
ich schelte
du scheltest
er schelte
wir schelten
ihr scheltet
sie schelten

**Imperfect indicative**
ich schalt
du schalt(e)st
er schalt
wir schalten
ihr schaltet
sie schalten

**Imperfect subjunctive**
ich schölte
du schöltest
er schölte
wir schölten
ihr schöltet
sie schölten

**Perfect indicative**
ich habe gescholten
du hast gescholten
er hat gescholten
wir haben gescholten
ihr habt gescholten
sie haben gescholten

**Future indicative**
ich werde schelten
du wirst schelten
er wird schelten
wir werden schelten
ihr werdet schelten
sie werden schelten

**Pluperfect indicative**
ich hatte gescholten
du hattest gescholten
er hatte gescholten
wir hatten gescholten
ihr hattet gescholten
sie hatten gescholten

**Conditional**
ich würde schelten
du würdest schelten
er würde schelten
wir würden schelten
itir würdet schelten
sie würden schelten

TO SEE *sehen*
**Present participle** *sehend*
**Past participle** *gesehen*
**Imperative** sieh(e)! sehen wir! seht! sehen Sie!

---

**Present indicative**
ich sehe
du siehst
er sieht
wir sehen
ihr seht
sie sehen

**Present subjunctive**
ich sehe
du sehest
er sehe
wir sehen
ihr sehet
sie sehen

**Imperfect indicative**
ich sah
du sahst
er sah
wir sahen
ihr saht
sie sahen

**Imperfect subjunctive**
ich sähe
du sähest
er sähe
wir sähen
ihr sähet
sie sähen

**Perfect indicative**
ich habe gesehen
du hast gesehen
er hat gesehen
wir haben gesehen
ihr habt gesehen
sie haben gesehen

**Future indicative**
ich werde sehen
du wirst sehen
er wird sehen
wir werden sehen
ihr werdet sehen
sie werden sehen

**Pluperfect indicative**
ich hatte gesehen
du hattest gesehen
er hatte gesehen
wir hatten gesehen
ihr hattet gesehen
sie hatten gesehen

**Conditional**
ich würde sehen
du würdest sehen
er würde sehen
wir würden sehen
ihr würdet sehen
sie würden sehen

TO SEND *senden*
**Present participle** *sendend*
**Past participle** *gesandt*
**Imperative** send(e)! senden wir! sendet! senden Sie!

**Present indicative**
ich sende
du sendest
er sendet
wir senden
ihr sendet
sie senden

**Present subjunctive**
ich sende
du sendest
er sende
wir senden
ihr sendet
sie senden

**Imperfect indicative**
ich sandte
du sandtest
er sandte
wir sandten
ihr sandtet
sie sandten

**Imperfect subjunctive**
ich sendete
du sendetest
er sendete
wir sendeten
ihr sendetet
sie sendeten

**Perfect indicative**
ich habe gesandt
du hast gesandt
er hat gesandt
wir haben gesandt
ihr habt gesandt
sie haben gesandt

**Future indicative**
ich werde senden
du wirst senden
er wird senden
wir werden senden
ihr werdet senden
sie werden senden

**Pluperfect indicative**
ich hatte gesandt
du hattest gesandt
er hatte gesandt
wir hatten gesandt
ihr hattet gesandt
sie hatten gesandt

**Conditional**
ich würde senden
du würdest senden
er würde senden
wir würden senden
ihr würdet senden
sie würden senden

TO SEPARATE, PART *scheiden*
**Present participle** *scheidend*
**Past participle** *geschieden* (can be used with the
auxiliary '*sein*' to mean 'to be divorced')
**Imperative** scheid(e)! scheiden wir! scheidet! scheiden Sie!

| **Present indicative** | **Present subjunctive** |
|---|---|
| ich scheide | ich scheide |
| du scheidest | du scheidest |
| er scheidet | er scheide |
| wir scheiden | wir scheiden |
| ihr scheidet | ihr scheidet |
| sie scheiden | sie scheiden |

| **Imperfect indicative** | **Imperfect subjunctive** |
|---|---|
| ich schied | ich schiede |
| du schied(e)st | du schiedest |
| er schied | er schiede |
| wir schieden | wir schieden |
| ihr schiedet | ihr schiedet |
| sie schieden | sie schieden |

| **Perfect indicative** | **Future indicative** |
|---|---|
| ich habe geschieden | ich werde scheiden |
| du hast geschieden | du wirst scheiden |
| er hat geschieden | er wird scheiden |
| wir haben geschieden | wir werden scheiden |
| ihr habt geschieden | ihr werdet scheiden |
| sie haben geschieden | sie werden scheiden |

| **Pluperfect indicative** | **Conditional** |
|---|---|
| ich hatte geschieden | ich würde scheiden |
| du hattest geschieden | du würdest scheiden |
| er hatte geschieden | er würde scheiden |
| wir hatten geschieden | wir würden scheiden |
| ihr hattet geschieden | ihr würdet scheiden |
| sie hatten geschieden | sie würden scheiden |

TO SERVE *dienen*
**Present participle** *dienend*
**Past participle** *gedient*
**Imperative** dien(e)! dienen wir! dient! dienen Sie!

---

**Present indicative**
ich diene
du dienst
er dient
wir dienen
ihr dient
sie dienen

**Present subjunctive**
ich diene
du dienest
er diene
wir dienen
ihr dienet
sie dienen

**Imperfect indicative**
ich diente
du dientest
er diente
wir dienten
ihr dientet
sie dienten

**Imperfect subjunctive**
ich diente
du dientest
er diente
wir dienten
ihr dientet
sie dienten

**Perfect indicative**
ich habe gedient
du hast gedient
er hat gedient
wir haben gedient
ihr habt gedient
sie haben gedient

**Future indicative**
ich werde dienen
du wirst dienen
er wird dienen
wir werden dienen
ihr werdet dienen
sie werden dienen

**Pluperfect indicative**
ich hatte gedient
du hattest gedient
er hatte gedient
wir hatten gedient
ihr hattet gedient
sie hatten gedient

**Conditional**
ich würde dienen
du würdest dienen
er würde dienen
wir würden dienen
ihr würdet dienen
sie würden dienen

TO SEW *nähen*
**Present participle** *nähend*
**Past participle** *genäht*
**Imperative** näh(e)! nähen wir! näht! nähen Sie!

---

**Present indicative**
ich nähe
du nähst
er näht
wir nähen
ihr näht
sie nähen

**Present subjunctive**
ich nähe
du nähest
er nähe
wir nähen
ihr nähet
sie nähen

**Imperfect indicative**
ich nähte
du ähtest
er nähte
wir nähten
ihr nähtet
sie nähten

**Imperfect subjunctive**
ich nähte
du nähtest
er nähte
wir nähten
ihr nähtet
sie nähten

**Perfect indicative**
ich habe genäht
du hast genäht
er hat genäht
wir haben genäht
ihr habt genäht
sie haben genäht

**Future indicative**
ich werde nähen
du wirst nähen
er wird nähen
wir werden nähen
ihr werdet nähen
sie werden nähen

**Pluperfect indicative**
ich hatte genäht
du hattest genäht
er hatte genäht
wir hatten genäht
ihr hattet genäht
sie hatten genäht

**Conditional**
ich würde nähen
du würdest nähen
er würde nähen
wir würden nähen
ihr würdet nähen
sie würden nähen

TO SHEAR, CLIP *scheren*
**Present participle** *scherend*
**Past participle** *geschoren*
**Imperative** scher(e)! scheren wir! schert! scheren
Sie!

| Present indicative | Present subjunctive |
|---|---|
| ich schere | ich schere |
| du scherst | du scherest |
| er schert | er schere |
| wir scheren | wir scheren |
| ihr schert | ihr scheret |
| sie scheren | sie scheren |

| Imperfect indicative | Imperfect subjunctive |
|---|---|
| ich schor | ich schöre |
| du schorst | du schörest |
| er schor | er schöre |
| wir schoren | wir schören |
| ihr schort | ihr schöret |
| sie schoren | sie schören |

| Perfect indicative | Future indicative |
|---|---|
| ich habe geschoren | ich werde scheren |
| du hast geschoren | du wirst scheren |
| er hat geschoren | er wird scheren |
| wir haben geschoren | wir werden scheren |
| ihr habt geschoren | ihr werdet scheren |
| sie haben geschoren | sie werden scheren |

| Pluperfect indicative | Conditional |
|---|---|
| ich hatte geschoren | ich würde scheren |
| du hattest geschoren | du würdest scheren |
| er hatte geschoren | er würde scheren |
| wir hatten geschoren | wir würden scheren |
| ihr hattet geschoren | ihr würdet scheren |
| sie hatten geschoren | sie würden scheren |

TO SHINE, TO SEEM *scheinen*
**Present participle** *scheinend*
**Past participle** *geschienen*
**Imperative** schein(e)! scheinen wir! scheint!
scheinen Sie!

## Present indicative
ich scheine
du scheinst
er scheint
wir scheinen
ihr scheint
sie scheinen

## Present subjunctive
ich scheine
du scheinest
er scheine
wir scheinen
ihr scheinet
sie scheinen

## Imperfect indicative
ich schien
du schienst
er schien
wir schienen
ihr schient
sie schienen

## Imperfect subjunctive
ich schiene
du schienest
er schiene
wir schienen
ihr schienet
sie schienen

## Perfect indicative
ich habe geschienen
du hast geschienen
er hat geschienen
wir haben geschienen
ihr habt geschienen
sie haben geschienen

## Future indicative
ich werde scheinen
du wirst scheinen
er wird scheinen
wir werden scheinen
ihr werdet scheinen
sie werden scheinen

## Pluperfect indicative
ich hatte geschienen
du hattest geschienen
er hatte geschienen
wir hatten geschienen
ihr hattet geschienen
sie hatten geschienen

## Conditional
ich würde scheinen
du würdest scheinen
er würde scheinen
wir würden scheinen
ihr würdet scheinen
sie würden scheinen

TO SHOOT *schießen*
**Present participle** *schießend*
**Past participle** *geschossen*
**Imperative** schieß(e)! schießen wir! schießt!
schießen Sie!

**Present indicative**
ich schieße
du schießt
er schießt
wir schießen
ihr schießt
sie schießen

**Present subjunctive**
ich schieße
du schießest
er schieße
wir schießen
ihr schießet
sie schießen

**Imperfect indicative**
ich schoß
du schossest
er schoß
wir schossen
ihr schoßt
sie schossen

**Imperfect subjunctive**
ich schösse
du schössest
er schösse
wir schössen
ihr schösset
sie schössen

**Perfect indicative**
ich habe geschossen
du hast geschossen
er hat geschossen
wir haben geschossen
ihr habt geschossen
sie haben geschossen

**Future indicative**
ich werde schießen
du wirst schießen
er wird schießen
wir werden schießen
ihr werdet schießen
sie werden schießen

**Pluperfect indicative**
ich hatte geschossen
du hattest geschossen
er hatte geschossen
wir hatten geschossen
ihr hattet geschossen
sie hatten geschossen

**Conditional**
ich würde schießen
du würdest schießen
er würde schießen
wir würden schießen
ihr würdet schießen
sie würden schießen

SHOULD, IS TO *sollen*
**Present participle** *sollend*
**Past participle** *gesollt / sollen**
* *sollen* is used when preceded by an infinitive

---

**Present indicative**
ich soll
du sollst
er soll
wir sollen
ihr sollt
sie sollen

**Present subjunctive**
ich solle
du sollest
er solle
wir sollen
ihr sollet
sie sollen

**Imperfect indicative**
ich sollte
du solltest
er sollte
wir sollten
ihr solltet
sie sollten

**Imperfect subjunctive**
ich sollte
du solltest
er sollte
wir sollten
ihr solltet
sie sollten

**Perfect indicative**
ich habe gesollt
du hast gesollt
er hat gesollt
wir haben gesollt
ihr habt gesollt
sie haben gesollt

**Future indicative**
ich werde sollen
du wirst sollen
er wird sollen
wir werden sollen
ihr werdet sollen
sie werden sollen

**Pluperfect indicative**
ich hatte gesollt
du hattest gesollt
er hatte gesollt
wir hatten gesollt
ihr hattet gesollt
sie hatten gesollt

**Conditional**
ich würde sollen
du würdest sollen
er würde sollen
wir würden sollen
ihr würdet sollen
sie würden sollen

TO SHOUT *schreien*
**Present participle** *schreiend*
**Past participle** *geschrie(e)n*
**Imperative** schrei(e)! schreien wir! schreit!
schreien Sie!

| **Present indicative** | **Present subjunctive** |
|---|---|
| ich schreie | ich schreie |
| du schreist | du schreiest |
| er schreit | er schreie |
| wir schreien | wir schreien |
| ihr schreit | ihr schreiet |
| sie schreien | sie schreien |

| **Imperfect indicative** | **Imperfect subjunctive** |
|---|---|
| ich schrie | ich schriee |
| du schriest | du schrieest |
| er schrie | er schriee |
| wir schrieen | wir schrieen |
| ihr schriet | ihr schrieet |
| sie schrieen | sie schrieen |

| **Perfect indicative** | **Future indicative** |
|---|---|
| ich habe geschrie(e)n | ich werde schreien |
| du hast geschrie(e)n | du wirst schreien |
| er hat geschrie(e)n | er wird schreien |
| wir haben geschrie(e)n | wir werden schreien |
| ihr habt geschrie(e)n | ihr werdet schreien |
| sie haben geschrie(e)n | sie werden schreien |

| **Pluperfect indicative** | **Conditional** |
|---|---|
| ich hatte geschrie(e)n | ich würde schreien |
| du hattest geschrie(e)n | du würdest schreien |
| er hatte geschrie(e)n | er würde schreien |
| wir hatten geschrie(e)n | wir würden schreien |
| ihr hattet geschrie(e)n | ihr würdet schreien |
| sie hatten geschrie(e)n | sie würden schreien |

TO SHOW *weisen*
**Present participle** *weisend*
**Past participle** *gewiesen*
**Imperative** weis(e)! weisen wir! weist! weisen Sie!

| Present indicative | Present subjunctive |
|---|---|
| ich weise | ich weise |
| du weist | du weisest |
| er weist | er weise |
| wir weisen | wir weisen |
| ihr weist | ihr weiset |
| sie weisen | sie weisen |

| Imperfect indicative | Imperfect subjunctive |
|---|---|
| ich wies | ich wiese |
| du wiesest | du wiesest |
| er wies | er wiese |
| wir wiesen | wir wiesen |
| ihr wiest | ihr wieset |
| sie wiesen | sie wiesen |

| Perfect indicative | Fture indicative |
|---|---|
| ich habe gewiesen | ich werde weisen |
| du hast gewiesen | du wirst weisen |
| er hat gewiesen | er wird weisen |
| wir haben gewiesen | wir werden weisen |
| ihr habt gewiesen | ihr werdet weisen |
| sie haben gewiesen | sie werden weisen |

| Pluperfect indicative | Conditional |
|---|---|
| ich hatte gewiesen | ich würde weisen |
| du hattest gewiesen | du würdest weisen |
| er hatte gewiesen | er würde weisen |
| wir hatten gewiesen | wir würden weisen |
| ihr hattet gewiesen | ihr würdet weisen |
| sie hatten gewiesen | sie würden weisen |

TO SHOW *zeigen*
**Present participle** *zeigend*
**Past participle** *gezeigt*
**Imperative** zeig(e)! zeigen wir! zeigt! zeigen Sie!

---

**Present indicative**
ich zeige
du zeigst
er zeigt
wir zeigen
ihr zeigt
sie zeigen

**Present subjunctive**
ich zeige
du zeigest
er zeige
wir zeigen
ihr zeiget
sie zeigen

**Imperfect indicative**
ich zeigte
du zeigtest
er zeigte
wir zeigten
ihr zeigtet
sie zeigten

**Imperfect subjunctive**
ich zeigte
du zeigtest
er zeigte
wir zeigten
ihr zeigtet
sie zeigten

**Perfect indicative**
ich habe gezeigt
du hast gezeigt
er hat gezeigt
wir haben gezeigt
ihr habt gezeigt
sie haben gezeigt

**Future indicative**
ich werde zeigen
du wirst zeigen
er wird zeigen
wir werden zeigen
ihr werdet zeigen
sie werden zeigen

**Pluperfect indicative**
ich hatte gezeigt
du hattest gezeigt
er hatte gezeigt
wir hatten gezeigt
ihr hattet gezeigt
sie hatten gezeigt

**Conditional**
ich würde zeigen
du würdest zeigen
er würde zeigen
wir würden zeigen
ihr würdet zeigen
sie würden zeigen

TO SING *singen*
**Present participle** singend
**Past participle** gesungen
**Imperative** sing(e)! singen wir! singt! singen Sie!

| Present indicative | Present subjunctive |
|---|---|
| ich singe | ich singe |
| du singst | du singest |
| er singt | er singe |
| wir singen | wir singen |
| ihr singt | ihr singet |
| sie singen | sie singen |

| Imperfect indicative | Imperfect subjunctive |
|---|---|
| ich sang | ich sänge |
| du sangst | du sängest |
| er sang | er sänge |
| wir sangen | wir sängen |
| ihr sangt | ihr sänget |
| sie sangen | sie sängen |

| Perfect indicative | Future indicative |
|---|---|
| ich habe gesungen | ich werde singen |
| du hast gesungen | du wirst singen |
| er hat gesungen | er wird singen |
| wir haben gesungen | wir werden singen |
| ihr habt gesungen | ihr werdet singen |
| sie haben gesungen | sie werden singen |

| Pluperfect indicative | Conditional |
|---|---|
| ich hatte gesungen | ich würde singen |
| du hattest gesungen | du würdest singen |
| er hatte gesungen | er würde singen |
| wir hatten gesungen | wir würden singen |
| ihr hattet gesungen | ihr würdet singen |
| sie hatten gesungen | sie würden singen |

TO SINK *sinken*
**Present participle** *sinkend*
**Past participle** *gesunken*
**Imperative** sink(e)! sinken wir! sinkt! sinken Sie!

**Present indicative**
ich sinke
du sinkst
er sinkt
wir sinken
ihr sinkt
sie sinken

**Present subjunctive**
ich sinke
du sinkest
er sinke
wir sinken
ihr sinket
sie sinken

**Imperfect indicative**
ich sank
du sankst
er sank
wir sanken
ihr sankt
sie sanken

**Imperfect subjunctive**
ich sänke
du sänkest
er sänke
wir sänken
ihr sänket
sie sänken

**Perfect indicative**
ich bin gesunken
du bist gesunken
er ist gesunken
wir sind gesunken
ihr seid gesunken
sie sind gesunken

**Future indicative**
ich werde sinken
du wirst sinken
er wird sinken
wir werden sinken
ihr werdet sinken
sie werden sinken

**Pluperfect indicative**
ich war gesunken
du warst gesunken
er war gesunken
wir waren gesunken
ihr wart gesunken
sie waren gesunken

**Conditional**
ich würde sinken
du würdest sinken
er würde sinken
wir würden sinken
ihr würdet sinken
sie würden sinken

TO SIT *sitzen*
**Present participle** *sitzend*
**Past participle** *gesessen*
**Imperative** sitz(e)! sitzen wir! sitzt! sitzen Sie!

---

**Present indicative**
ich sitze
du sitzt
er sitzt
wir sitzen
ihr sitzt
sie sitzen

**Present subjunctive**
ich sitze
du sitzest
er sitze
wir sitzen
ihr sitzet
sie sitzen

**Imperfect indicative**
ich saß
du saßest
er saß
wir saßen
ihr saßt
sie saßen

**Imperfect subjunctive**
ich säße
du säßest
er säße
wir säßen
ihr säßet
sie säßen

**Perfect indicative**
ich habe gesessen
du hast gesessen
er hat gesessen
wir haben gesessen
ihr habt gesessen
sie haben gesessen

**Future indicative**
ich werde sitzen
du wirst sitzen
er wird sitzen
wir werden sitzen
ihr werdet sitzen
sie werden sitzen

**Pluperfect indicative**
ich hatte gesessen
du hattest gesessen
er hatte gesessen
wir hatten gesessen
ihr hattet gesessen
sie hatten gesessen

**Conditional**
ich würde sitzen
du würdest sitzen
er würde sitzen
wir würden sitzen
ihr würdet sitzen
sie würden sitzen

TO SLEEP *schlafen*
**Present participle** *schlafend*
**Past participle** *geschlafen*
**Imperative** schlaf(e)! schlafen wir! schlaft!
schlafen Sie!

**Present indicative**
ich schlafe
du schläfst
er schläft
wir schlafen
ihr schlaft
sie schlafen

**Present subjunctive**
ich schlafe
du schlafest
er schlafe
wir schlafen
ihr schlafet
sie schlafen

**Imperfect indicative**
ich schlief
du schliefst
er schlief
wir schliefen
ihr schlieft
sie schliefen

**Imperfect subjunctive**
ich schliefe
du schliefest
er schliefe
wir schliefen
ihr schliefet
sie schliefen

**Perfect indicative**
ich habe geschlafen
du hast geschlafen
er hat geschlafen
wir haben geschlafen
ihr habt geschlafen
sie haben geschlafen

**Future indicative**
ich werde schlafen
du wirst schlafen
er wird schlafen
wir werden schlafen
ihr werdet schlafen
sie werden schlafen

**Pluperfect indicative**
ich hatte geschlafen
du hattest geschlafen
er hatte geschlafen
wir hatten geschlafen
ihr hattet geschlafen
sie hatten geschlafen

**Conditional**
ic würde schlafen
du würdest schlafen
er würde schlafen
wir würden schlafen
ihr würdet schlafen
sie würden schlafen

TO SMELL *riechen*
**Present participle** *riechend*
**Past participle** *gerochen*
**Imperative** riech(e)! riechen wir! riecht! riechen Sie!

**Present indicative**
ich rieche
du riechst
er riecht
wir riechen
ihr riecht
sie riechen

**Present subjunctive**
ich rieche
du riechest
er rieche
wir riechen
ihr riechet
sie riechen

**Imperfect indicative**
ich roch
du rochst
er roch
wir rochen
ihr rocht
sie rochen

**Imperfect subjunctive**
ich röche
du röchest
er röche
wir röchen
ihr röchet
sie röchen

**Perfect indicative**
ich habe gerochen
du hast gerochen
er hat gerochen
wir haben gerochen
ihr habt gerochen
sie haben gerochen

**Future indicative**
ich werde riechen
du wirst riechen
er wird riechen
wir werden riechen
ihr werdet riechen
sie werden riechen

**Pluperfect indicative**
ich hatte gerochen
du hattest gerochen
er hatte gerochen
wir hatten gerochen
ihr hattet gerochen
sie hatten gerochen

**Conditional**
ich würde riechen
du würdest riechen
er würde riechen
wir würden riechen
ihr würdet riechen
sie würden riechen

TO SMILE *lächeln*
**Present participle** *lächelnd*
**Past participle** *gelächelt*
**Imperative** lächle! lächeln wir! lächelt! lächeln Sie!

---

**Present indicative**
ich läch(e)le
du lächelst
er lächelt
wir lächeln
ihr lächelt
sie lächeln

**Present subjunctive**
ich läch(e)le
du läch(e)lest
er läch(e)le
wir lächeln
ihr läch(e)let
sie lächlen

**Imperfect indicative**
ich lächelte
du lächeltest
er lächelte
wir lächelten
ihr lächeltet
sie lächelten

**Imperfect subjunctive**
ich lächelte
du lächeltest
er lächelte
wir lächelten
ihr lächeltet
sie lächelten

**Perfect indicative**
ich habe gelächelt
du hast gelächelt
er hat gelächelt
wir haben gelächelt
ihr habt gelächelt
sie haben gelächelt

**Future indicative**
ich werde lächeln
du wirst lächeln
er wird lächeln
wir werden lächeln
ihr werdet lächeln
sie werden lächeln

**Pluperfect indicative**
ich hatte gelächelt
du hattest gelächelt
er hatte gelächelt
wir hatten gelächelt
ihr hattet gelächelt
sie hatten gelächelt

**Conditional**
ich würde lächeln
du würdest lächeln
er würde lächeln
wir würden lächeln
ihr würdet lächeln
sie würden lächeln

TO SORT *ordnen*
**Present participle** *ordnend*
**Past participle** *geordnet*
**Imperative** ordne! ordnen wir! ordnet! ordnen Sie!

---

**Present indicative**
ich ordne
du ordnest
er ordnet
wir ordnen
ihr ordnet
sie ordnen

**Present subjunctive**
ich ordne
du ordnest
er ordne
wir ordnen
ihr ordnet
sie ordnen

**Imperfect indicative**
ich ordnete
du ordnetest
er ordnetet
wir ordneten
ihr ordnetet
sie ordneten

**Imperfect subjunctive**
ich ordnete
du ordnetest
er ordnete
wir ordneten
ihr ordnetet
sie ordneten

**Perfect indicative**
ich habe geordnet
du hast geordnet
er hat geordnet
wir haben geordnet
ihr habt geordnet
sie haben geordnet

**Future indicative**
ich werde ordnen
du wirst ordnen
er wird ordnen
wir werden ordnen
ihr werdet ordnen
sie werden ordnen

**Pluperfect indicative**
ich hatte geordnet
du hattest geordnet
er hatte geordnet
wir hatten geordnet
ihr hattet geordnet
sie hatten geordnet

**Conditional**
ich würde ordnen
du würdest ordnen
er würde ordnen
wir würden ordnen
ihr würdet ordnen
sie würden ordnen

TO SOUND *klingen*
**Present participle** *klingend*
**Past participle** *geklungen*
**Imperative** kling(e)! klingen wir! klingt! klingen Sie!

| **Present indicative** | **Present subjunctive** |
|---|---|
| ich klinge | ich klinge |
| du klingst | du klingest |
| er klingt | er klinge |
| wir klingen | wir klingen |
| ihr klingt | ihr klinget |
| sie klingen | sie klingen |

| **Imperfect indicative** | **Imperfect subjunctive** |
|---|---|
| ich klang | ich klänge |
| du klangst | du klängest |
| er klang | er klänge |
| wir klangen | wir klängen |
| ihr klangt | ihr klänget |
| sie klangen | sie klängen |

| **Perfect indicative** | **Future indicative** |
|---|---|
| ich habe geklungen | ich werde klingen |
| du hast geklungen | du wirst klingen |
| er hat geklungen | er wird klingen |
| wir haben geklungen | wir werden klingen |
| ihr habt geklungen | ihr werdet klingen |
| sie haben geklungen | sie werden klingen |

| **Pluperfect indicative** | **Conditional** |
|---|---|
| ich hatte geklungen | ich würde klingen |
| du hattest geklungen | du würdest klingen |
| er hatte geklungen | er würde klingen |
| wir hatten geklungen | wir würden klingen |
| ihr hattet geklungen | ihr würdet klingen |
| sie hatten geklungen | sie würden klingen |

TO SPEAK *sprechen*
**Present participle** *sprechend*
**Past participle** *gesprochen*
**Imperative** sprich! sprechen wir! sprecht! sprechen Sie!

| | |
|---|---|
| **Present indicative** | **Present subjunctive** |
| ich spreche | ich spreche |
| du sprichst | du sprechest |
| er spricht | er spreche |
| wir sprechen | wir sprechen |
| ihr sprecht | ihr sprechet |
| sie sprechen | sie sprechen |
| **Imperfect indicative** | **Imperfect subjunctive** |
| ich sprach | ich spräche |
| du sprachst | du sprächest |
| er sprach | er spräche |
| wir sprachen | wir sprächen |
| ihr spracht | ihr sprächet |
| sie sprachen | sie sprächen |
| **Perfect indicative** | **Future indicative** |
| ich habe gesprochen | ich werde sprechen |
| du hast gesprochen | du wirst sprechen |
| er hat gesprochen | er wird sprechen |
| wir haben gesprochen | wir werden sprechen |
| ihr habt gesprochen | ihr werdet sprechen |
| sie haben gesprochen | sie werden sprechen |
| **Pluperfect indicative** | **Conditional** |
| ich hatte gesprochen | ich würde sprechen |
| du hattest gesprochen | du würdest sprechen |
| er hatte gesprochen | er würde sprechen |
| wir hatten gesprochen | wir würden sprechen |
| ihr hattet gesprochen | ihr würdet sprechen |
| sie hatten gesprochen | sie würden sprechen |

TO SPEW *speien*
**Present participle** *speiend*
**Past participle** *gespie(e)n*
**Imperative** spei(e)! speien wir! speit! speien Sie!

| **Present indicative** | **Present subjunctive** |
|---|---|
| ich speie | ich speie |
| du speist | du speiest |
| er speit | er speie |
| wir speien | wir speien |
| ihr speit | ihr speiet |
| sie speien | sie speien |

| **Imperfect indicative** | **Imperfect subjunctive** |
|---|---|
| ich spie | ich spiee |
| du spiest | du spieest |
| er spie | er spiee |
| wir spieen | wir spieen |
| ihr spiet | ihr spieet |
| sie spieen | sie spieen |

| **Perfect indicative** | **Future indicative** |
|---|---|
| ich habe gespie(e)n | ich werde speien |
| du hast gespie(e)n | du wirst speien |
| er hat gespie(e)n | er wird speien |
| wir haben gespie(e)n | wir werden speien |
| ihr habt gespie(e)n | ihr werdet speien |
| sie haben gespie(e)n | sie werden speien |

| **Pluperfect indicative** | **Conditional** |
|---|---|
| ich hatte gespie(e)n | ich würde speien |
| du hattest gespie(e)n | du würdest speien |
| er hatte gespie(e)n | er würde speien |
| wir hatten gespie(e)n | wir würden speien |
| ihr hattet gespie(e)n | ihr würdet speien |
| sie hatten gespie(e)n | sie würden speien |

TO SPIN *spinnen*
**Present participle** *spinnend*
**Past participle** *gesponnen*
**Imperative** spinn(e)! spinnen wir! spinnt! spinnen Sie!

**Present indicative**
ich spinne
du spinnst
er spinnt
wir spinnen
ihr spinnt
sie spinnen

**Present subjunctive**
ich spinne
du spinnest
er spinne
wir spinnen
ihr spinnet
sie spinnen

**Imperfect indicative**
ich spann
du spannst
er spann
wir spannen
ihr spannt
sie spannen

**Imperfect subjunctive**
ich spönne
du spönnest
er spönne
wir spönnen
ihr spönnet
sie spönnen

**Perfect indicative**
ich habe gesponnen
du hast gesponnen
er hat gesponnen
wir haben gesponnen
ihr habt gesponnen
sie haben gesponnen

**Future indicative**
ich werde spinnen
du wirst spinnen
er wird spinnen
wir werden spinnen
ihr werdet spinnen
sie werden spinnen

**Pluperfect indicative**
ich hatte gesponnen
du hattest gesponnen
er hatte gesponnen
wir hatten gesponnen
ihr hattet gesponnen
sie hatten gesponnen

**Conditional**
ich würde spinnen
du würdest spinnen
er würde spinnen
wir würden spinnen
ihr würdet spinnen
sie würden spinnen

TO SPOIL *verderben*
**Present participle** *verderbend* **Past participle** *verdorben*
(if used with auxiliary 'sein' means 'to go off'/'to go bad')
**Imperative** verdirb! verderben wir! verderbt!
verderben Sie!

**Present indicative**
ich verderbe
du verdirbst
er verdirbt
wir verderben
ihr verderbt
sie verderben

**Present subjunctive**
ich verderbe
du verderbest
er verderbe
wir verderben
ihr verderbet
sie verderben

**Imperfect indicative**
ich verdarb
du verdarbst
er verdarb
wir verdarben
ihr verdarbt
sie verdarben

**Imperfect subjunctive**
ich verdürbe
du verdürbest
er verdürbe
wir verdürben
ihr verdürbet
sie verdürben

**Perfect indicative**
ich habe verdorben
du hast verdorben
er hat verdorben
wir haben verdorben
ihr habt verdorben
sie haben verdorben

**Future indicative**
ich werde verderben
du wirst verderben
er wird verderben
wir werden verderben
ihr werdet verderben
sie werden verderben

**Pluperfect indicative**
ich hatte verdorben
du hattest verdorben
er hatte verdorben
wir hatten verdorben
ihr hattet verdorben
sie hatten verdorben

**Conditional**
ich würde verderben
du würdest verderben
er würde verderben
wir würden verderben
ihr würdet verderben
sie würden verderben

TO SPROUT *sprießen*
**Present participle** *sprießend*
**Past participle** *gesprossen*
**Imperative** sprieß(e)! sprießen wir! sprießt!
sprießen Sie!

**Present indicative**
ich sprieße
du sprießt
er sprießt
wir sprießen
ihr sprießt
sie sprießen

**Present subjunctive**
ich sprieße
du sprießest
er sprieße
wir sprießen
ihr sprießet
sie sprießen

**Imperfect indicative**
ich sproß
du sprossest
er sproß
wir sproßen
ihr sproßt
sie sproßen

**Imperfect subjunctive**
ich sprösse
du sprössest
er sprösse
wir sprössen
ihr sprösset
sie sprössen

**Perfect indicative**
ich bin gesprossen
du bist gesprossen
er ist gesprossen
wir sind gesprossen
ihr seid gesprossen
sie sind gesprossen

**Future indicative**
ich werde sprießen
du wirst sprießen
er wird sprießen
wir werden sprießen
ihr werdet sprießen
sie werden sprießen

**Pluperfect indicative**
ich war gesprossen
du warst gesprossen
er war gesprossen
wir waren gesprossen
ihr wart gesprossen
sie waren gesprossen

**Conditional**
ich würde sprießen
du würdest sprießen
er würde sprießen
wir würden sprießen
ihr würdet sprießen
sie würden sprießen

TO STAND *stehen*
**Present participle** *stehend*
**Past participle** *gestanden*
**Imperative** steh(e)! stehen wir! steht! stehen Sie!

**Present indicative**
ich stehe
du stehst
er steht
wir stehen
ihr steht
sie stehen

**Present subjunctive**
ich stehe
du stehest
er stehe
wir stehen
ihr stehet
sie stehen

**Imperfect indicative**
ich stand
du stand(e)st
er stand
wir standen
ihr standet
sie standen

**Imperfect subjunctive**
ich stünde
du stündest
er stünde
wir stünden
ihr stündet
sie stünden

**Perfect indicative**
ich habe gestanden
du hast gestanden
er hat gestanden
wir haben gestanden
ihr habt gestanden
sie haben gestanden

**Future indicative**
ich werde stehen
du wirst stehen
er wird stehen
wir werden stehen
ihr werdet stehen
sie werden stehen

**Pluperfect indicative**
ich hatte gestanden
du hattest gestanden
er hatte gestanden
wir hatten gestanden
ihr hattet gestanden
sie hatten gestanden

**Conditional**
ich würde stehen
du würdest stehen
er würde stehen
wir würden stehen
ihr würdet stehen
sie würden stehen

TO STEAL *stehlen*
**Present participle** *stehlend*
**Past participle** *gestohlen*
**Imperative** stiehl! stehlen wir! stehlt! stehlen Sie!

---

**Present indicative**
ich stehle
du stiehlst
er stiehlt
wir stehlen
ihr stehlt
sie stehlen

**Present subjunctive**
ich stehle
du stehlest
er stehle
wir stehlen
ihr stehlet
sie stehlen

**Imperfect indicative**
ich stahl
du stahlst
er stahl
wir stahlen
ihr stahlt
sie stahlen

**Imperfect subjunctive**
ich stähle
du stählest
er stähle
wir stählen
ihr stählet
sie stählen

**Perfect indicative**
ich habe gestohlen
du hast gestohlen
er hat gestohlen
wir haben gestohlen
ihr habt gestohlen
sie haben gestohlen

**Future indicative**
ich werde stehlen
du wirst stehlen
er wird stehlen
wir werden stehlen
ihr werdet stehlen
sie werden stehlen

**Pluperfect indicative**
ich hatte gestohlen
du hattest gestohlen
er hatte gestohlen
wir hatten gestohlen
ihr hattet gestohlen
sie hatten gestohlen

**Conditional**
ich würde stehlen
du würdest stehlen
er würde stehlen
wir würden stehlen
ihr würdet stehlen
sie würden stehlen

**Present participle** *tretend*
**Past participle** *getreten* (can alternatively be used with the auxiliary '*sein*')
**Imperative** tritt(e)! treten wir! tretet! treten Sie!

---

**Present indicative**
ich trete
du trittst
er tritt
wir treten
ihr tretet
sie treten

**Present subjunctive**
ich trete
du tretest
er trete
wir treten
ihr tretet
sie treten

**Imperfect indicative**
ich trat
du trat(e)st
er trat
wir traten
ihr tratet
sie traten

**Imperfect subjunctive**
ich träte
du trätest
er träte
wir träten
ihr trätet
sie träten

**Perfect indicative**
ich habe getreten
du hast getreten
er hat getreten
wir haben getreten
ihr habt getreten
sie haben getreten

**Future indicative**
ich werde treten
du wirst treten
er wird treten
wir werden treten
ihr werdet treten
sie werden treten

**Pluperfect indicative**
ich hatte getreten
du hattest getreten
er hatte getreten
wir hatten getreten
ihr hattet getreten
sie hatten getreten

**Conditional**
ich würde treten
du würdest treten
er würde treten
wir würden treten
ihr würdet treten
sie würden treten

TO STING, PRICK *stechen*
**Present participle** *stechend*
**Past participle** *gestochen*
**Imperative** stich! stechen wir! stecht! stechen Sie!

**Present indicative**
ich steche
du stichst
er sticht
wir stechen
ihr stecht
sie stechen

**Present subjunctive**
ich steche
du stechest
er steche
wir stechen
ihr stechet
sie stechen

**Imperfect indicative**
ich stach
du stachst
er stach
wir stachen
ihr stacht
sie stachen

**Imperfect subjunctive**
ich stäche
du stächest
er stäche
wir stächen
ihr stächet
sie stächen

**Perfect indicative**
ich habe gestochen
du hast gestochen
er hat gestochen
wir haben gestochen
ihr habt gestochen
sie haben gestochen

**Future indicative**
ich werde stechen
du wirst stechen
er wird stechen
wir werden stechen
ihr werdet stechen
sie werden stechen

**Pluperfect indicative**
ich hatte gestochen
du hattest gestochen
er hatte gestochen
wir hatten gestochen
ihr hattet gestochen
sie hatten gestochen

**Conditional**
ich würde stechen
du würdest stechen
er würde stechen
wir würden stechen
ihr würdet stechen
sie würden stechen

TO STINK *stinken*
**Present participle** *stinkend*
**Past participle** *gestunken*
**Imperative** stink(e)! stinken wir! stinkt! stinken
Sie!

| **Present indicative** | **Present subjunctive** |
| --- | --- |
| ich stinke | ich stinke |
| du stinkst | du stinkest |
| er stinkt | er stinke |
| wir stinken | wir stinken |
| ihr stinkt | ihr stinket |
| sie stinken | sie stinken |

| **Imperfect indicative** | **Imperfect subjunctive** |
| --- | --- |
| ich stank | ich stänke |
| du stankst | du stänkest |
| er stank | er stänke |
| wir stanken | wir stänken |
| ihr stankt | ihr stänket |
| sie stanken | sie stänken |

| **Perfect indicative** | **Future indicative** |
| --- | --- |
| ich habe gestunken | ich werde stinken |
| du hast gestunken | du wirst stinken |
| er hat gestunken | er wird stinken |
| wir haben gestunken | wir werden stinken |
| ihr habt gestunken | ihr werdet stinken |
| sie haben gestunken | sie werden stinken |

| **Pluperfect indicative** | **Conditional** |
| --- | --- |
| ich hatte gestunken | ich würde stinken |
| du hattest gestunken | du würdest sünken |
| er hatte gestunken | er würde stinken |
| wir hatten gestunken | wir würden stinken |
| ihr hattet gestunken | ihr würdet stinken |
| sie hatten gestunken | sie würden stinken |

TO STRIDE *schreiten*
**Present participle** *schreitend*
**Past participle** *geschritten*
**Imperative** schreit(e)! schreiten wir! schreitet!
schreiten Sie!

**Present indicative**
ich schreite
du schreitest
er schreitet
wir schreiten
ihr schreitet
sie schreiten

**Present subjunctive**
ich schreite
du schreitest
er schreite
wir schreiten
ihr schreitet
sie schreiten

**Imperfect indicative**
ich schritt
du schritt(e)st
er schritt
wir schritten
ihr schrittet
sie schritten

**Imperfect subjunctive**
ich schritte
du schrittest
er schritte
wir schritten
ihr schrittet
sie schritten

**Perfect indicative**
ich bin geschritten
du bist geschritten
er ist geschritten
wir sind geschritten
ihr seid geschritten
sie sind geschritten

**Future indicative**
ich werde schreiten
du wirst schreiten
er wird schreiten
wir werden schreiten
ihr werdet schreiten
sie werden schreiten

**Pluperfect indicative**
ich war geschritten
du warst geschritten
er war geschritten
wir waren geschritten
ihr wart geschritten
sie waren geschritten

**Conditional**
ich würde schreiten
du würdest schreiten
er würde schreiten
wir würden schreiten
ihr würdet schreiten
sie würden schreiten

TO STROKE *streichen*
**Present participle** *streichend*
**Past participle** *gestrichen*
**Imperative** streich(e)! streichen wir! streicht!
streichen Sie!

| **Present indicative** | **Present subjunctive** |
|---|---|
| ich streiche | ich streiche |
| du streichst | du streichest |
| er streicht | er streiche |
| wir streichen | wir streichen |
| ihr streicht | ihr streichet |
| sie streichen | sie streichen |

| **Imperfect indicative** | **Imperfect subjunctive** |
|---|---|
| ich strich | ich striche |
| du strichst | du strichest |
| er strich | er striche |
| wir strichen | wir strichen |
| ihr stricht | ihr strichet |
| sie strichen | sie strichen |

| **Perfect indicative** | **Future indicative** |
|---|---|
| ich habe gestrichen | ich werde streichen |
| du hast gestrichen | du wirst streichen |
| er hat gestrichen | er wird streichen |
| wir haben gestrichen | wir werden streichen |
| ihr habt gestrichen | ihr werdet streichen |
| sie haben gestrichen | sie werden streichen |

| **Pluperfect indicative** | **Conditional** |
|---|---|
| ich hatte gestrichen | ich würde streichen |
| du hattest gestrichen | du würdest streichen |
| er hatte gestrichen | er würde streichen |
| wir hatten gestrichen | wir würden streichen |
| ihr hattet gestrichen | ihr würdet streichen |
| sie hatten gestrichen | sie würden streichen |

TO STRUGGLE *ringen*
**Present participle** *ringend*
**Past participle** *gerungen*
**Imperative** ring(e)! ringen wir! ringt! ringen Sie!

---

**Present indicative**
ich ringe
du ringst
er ringt
wir ringen
ihr ringt
sie ringen

**Present subjunctive**
ich ringe
du ringest
er ringe
wir ringen
ihr ringet
sie ring en

**Imperfect indicative**
ich rang
du rangst
er rang
wir rangen
ihr rangt
sie rangen

**Imperfect subjunctive**
ich ränge
du rängest
er ränge
wir rängen
ihr ränget
sie rängen

**Perfect indicative**
ich habe gerungen
du hast gerungen
er hat gerungen
wir haben gerungen
ihr habt gerungen
sie haben gerungen

**Future indicative**
ich werde ringen
du wirst ringen
er wird ringen
wir werden ringen
ihr werdet ringen
sie werden ringen

**Pluperfect indicative**
ich hatte gerungen
du hattest gerungen
er hatte gerungen
wir hatten gerungen
ihr hattet gerungen
sie hatten gerungen

**Conditional**
ich würde ringen
du würdest ringen
er würde ringen
wir würden ringen
ihr würdet ringen
sie würden ringen

TO STUDY *studieren*
**Present participle** *studierend*
**Past participle** *studiert*
**Imperative** studiere! studieren wir! studiert!
studieren Sie!

## Present indicative
ich studiere
du studierst
er studiert
wir studieren
ihr studiert
sie studieren

## Present subjunctive
ich studiere
du studierest
er studiere
wir studieren
ihr studieret
sie studieren

## Imperfect indicative
ich studierte
du studiertest
er studierte
wir studierten
ihr studiertet
sie studierten

## Imperfect subjunctive
ich studierte
du studiertest
er studierte
wir studierten
ihr studiertet
sie studierten

## Perfect indicative
ich habe studiert
du hast studiert
er hat studiert
wir haben studiert
ihr habt studiert
sie haben studiert

## Future indicative
ich werde studieren
du wirst studieren
er wird studieren
wir werden studieren
ihr werdet studieren
sie werden studieren

## Pluperfect indicative
ich hatte studiert
du hattest studiert
er hatte studiert
wir hatten studiert
ihr hattet studiert
sie hatten studiert

## Conditional
ich würde studieren
du würdest studieren
er würde studieren
wir würden studieren
ihr würdet studieren
sie würden studieren

TO SUCK *saugen*
**Present participle** *saugend*
**Past participle** *gesogen*
**Imperative** saug(e)! saugen wir! saugt! saugen Sie!

---

**Present indicative**
ich sauge
du saugst
er saugt
wir saugen
ihr saugt
sie saugen

**Present subjunctive**
ich sauge
du saugest
er sauge
wir saugen
ihr sauget
sie saugen

**Imperfect indicative**
ich sog
du sogst
er sog
wir sogen
ihr sogt
sie sogen

**Imperfect subjunctive**
ich söge
du sögest
er söge
wir sögen
ihr söget
sie sögen

**Perfect indicative**
ich habe gesogen
du hast gesogen
er hat gesogen
wir haben gesogen
ihr habt gesogen
sie haben gesogen

**Future indicative**
ich werde saugen
du wirst saugen
er wird saugen
wir werden saugen
ihr werdet saugen
sie werden saugen

**Pluperfect indicative**
ich hatte gesogen
du hattest gesogen
er hatte gesogen
wir hatten gesogen
ihr hattet gesogen
sie hatten gesogen

**Conditional**
ich würde saugen
du würdest saugen
er würde saugen
wir würden saugen
ihr würdet saugen
sie würden saugen

TO SUFFER *leiden*
**Present participle** *leidend*
**Past participle** *gelitten*
**Imperative** leid(e)! leiden wir! leidet! leiden Sie!

---

**Present indicative**
ich leide
du leidest
er leidet
wir leiden
ihr leidet
sie leiden

**Present subjunctive**
ich leide
du leidest
er leide
wir leiden
ihr leidet
sie leiden

**Imperfect indicative**
ich litt
du litt(e)st
er litt
wir litten
ihr littet
sie litten

**Imperfect subjunctive**
ich litte
du littest
er litte
wir litten
ihr littet
sie litten

**Perfect indicative**
ich habe gelitten
du hast gelitten
er hat gelitten
wir haben gelitten
ihr habt gelitten
sie haben gelitten

**Future indicative**
ich werde leiden
du wirst leiden
er wird leiden
wir werden leiden
ihr werdet leiden
sie werden leiden

**Pluperfect indicative**
ich hatte gelitten
du hattest gelitten
er hatte gelitten
wir hatten gelitten
ihr hattet gelitten
sie hatten gelitten

**Conditional**
ich würde leiden
du würdest leiden
er würde leiden
wir würden leiden
ihr würdet leiden
sie würden leiden

TO SWELL *schwellen*
**Present participle** *schwellend*
**Past participle** *geschwollen*
**Imperative** schwill! schwellen wir! schwellt!
schwellen Sie!

**Present indicative**
ich schwelle
du schwillst
er schwillt
wir schwellen
ihr schwellt
sie schwellen

**Present subjunctive**
ich schwelle
du schwellest
er schwelle
wir schwellen
ihr schwellet
sie schwellen

**Imperfect indicative**
ich schwoll
du schwollst
er schwoll
wir schwollen
ihr schwollt
sie schwollen

**Imperfect subjunctive**
ich schwölle
du schwöllest
er schwölle
wir schwöllen
ihr schwöllet
sie schwöllen

**Perfect indicative**
ich bin geschwollen
du bist geschwollen
er ist geschwollen
wir sind geschwollen
ihr seid geschwollen
sie sind geschwollen

**Future indicative**
ich werde schwellen
du wirst schwellen
er wird schwellen
wir werden schwellen
ihr werdet schwellen
sie werden schwellen

**Pluperfect indicative**
ich war geschwollen
du warst geschwollen
er war geschwollen
wir waren geschwollen
ihr wart geschwollen
sie waren geschwollen

**Conditional**
ich würde schwellen
du würdest schwellen
er würde schwellen
wir würden schwellen
ihr würdet schwellen
sie würden schwellen

TO SWIM *schwimmen*
**Present participle** *schwimmend*
**Past participle** *geschwommen*
**Imperative** schwimm(e)! schwimmen wir!
schwimmt! schwimmen Sie!

**Present indicative**
ich schwimme
du schwimmst
er schwimmt
wir schwimmen
ihr schwimmt
sie schwimmen

**Present subjunctive**
ich schwimme
du schwimmest
er schwimme
wir schwimmen
ihr schwimmet
sie schwimmen

**Imperfect indicative**
ich schwamm
du schwammst
er schwamm
wir schwammen
ihr schwammt
sie schwammen

**Imperfect subjunctive**
ich schwömme
du schwömmest
er schwömme
wir schwömmen
ihr schwömmet
sie schwömmen

**Perfect indicative**
ich bin geschwommen
du bist geschwommen
er ist geschwommen
wir sind geschwommen
ihr seid geschwommen
sie sind geschwommen

**Future indicative**
ich werde schwimmen
du wirst schwimmen
er wird schwimmen
wir werden schwimmen
ihr werdet schwimmen
sie werden schwimmen

**Pluperfect indicative**
ich war geschwommen
du warst geschwommen
er war geschwommen
wir waren geschwomme
ihr wart geschwommen
sie waren geschwommer

**Conditional**
ich würde schwimmen
du würdest schwimmen
er würde schwimmen
wir würden schwimmen
ihr würdet schwimmen
sie würden schwimmen

TO SWING *schwingen*
**Present participle** *schwingen*
**Past participle** *geschwungen*
**Imperative** schwing(e)! schwingen wir! schwingt!
schwingen Sie!

**Present indicative**
ich schwinge
du schwingst
er schwingt
wir schwingen
ihr schwingt
sie schwingen

**Present subjunctive**
ich schwinge
du schwingest
er schwinge
wir schwingen
ihr schwinget
sie schwing en

**Imperfect indicative**
ich schwang
du schwangst
er schwang
wir schwangen
ihr schwangt
sie schwangen

**Imperfect subjunctive**
ich schwänge
du schwängest
er schwänge
wir schwängen
ihr schwänget
sie schwängen

**Perfect indicative**
ich habe geschwungen
du hast geschwungen
er hat geschwungen
wir haben geschwungen
ihr habt geschwungen
sie haben geschwungen

**Future indicative**
ich werde schwingen
du wirst schwingen
er wird schwingen
wir werden schwingen
ihr werdet schwingen
sie werden schwingen

**Pluperfect indicative**
ich hatte geschwungen
du hattest geschwungen
er hatte geschwungen
wir hatten geschwungen
ihr hattet geschwungen
sie hatten geschwungen

**Conditional**
ich würde schwingen
du würdest schwingen
er würde schwingen
wir würden schwingen
ihr würdet schwingen
sie würden schwingen

TO TAKE *nehmen*
**Present participle** *nehmend*
**Past participle** *genommen*
**Imperative** nimm(e)! nehmen wir! nehmt! nehmen
Sie!

**Present indicative**
ich nehme
du nimmst
er nimmt
wir nehmen
ihr nehmt
sie nehmen

**Present subjunctive**
ich nehme
du nehmest
er nehme
wir nehmen
ihr nehmet
sie nehmen

**Imperfect indicative**
ich nahm
du nahmst
er nahm
wir nahmen
ihr nahmt
sie nahmen

**Imperfect subjunctive**
ich nähme
du nähmest
er nähme
wir nähmen
ihr nähmet
sie nähmen

**Perfect indicative**
ich habe genommen
du hast genommen
er hat genommen
wir haben genommen
ihr habt genommen
sie haben genommen

**Future indicative**
ich werde nehmen
du wirst nehmen
er wird nehmen
wir werden nehmen
ihr werdet nehmen
sie werden nehmen

**Pluperfect indicative**
ich hatte genommen
du hattest genommen
er hatte genommen
wir hatten genommen
ihr hattet genommen
sie hatten genommen

**Conditional**
ich würde nehmen
du würdest nehmen
er würde nehmen
wir würden nehmen
ihr würdet nehmen
sie würden nehmen

TO TALK *reden*
**Present participle** *redend*
**Past participle** *geredet*
**Imperative** rede! reden wir! redet! reden Sie!

---

**Present indicative**
ich rede
du redest
er redet
wir reden
ihr redet
sie reden

**Present subjunctive**
ich rede
du redest
er rede
wir reden
ihr redet
sie reden

**Imperfect indicative**
ich redete
du redetest
er redete
wir redeten
ihr redetet
sie redeten

**Imperfect subjunctive**
ich redete
du redetest
er redete
wir redeten
ihr redetet
sie redeten

**Perfect indicative**
ich habe geredet
du hast geredet
er hat geredet
wir haben geredet
ihr habt geredet
sie haben geredet

**Future indicative**
ich werde reden
du wirst reden
er wird reden
wir werden reden
ihr werdet reden
sie werden reden

**Pluperfect indicative**
ich hatte geredet
du hattest geredet
er hatte geredet
wir hatten geredet
ihr hattet geredet
sie hatten geredet

**Conditional**
ich würde reden
du würdest reden
er würde reden
wir würden reden
ihr würdet reden
sie würden reden

TO TEAR *reißen*
**Present participle** *reißend*
**Past participle** *gerissen* (can be used with the
auxiliary '*sein*' to mean 'to be torn')
**Imperative** reiß(e)! reißen wir! reißt! reißen Sie!

| **Present indicative** | **Present subjunctive** |
|---|---|
| ich reiße | ich reiße |
| du reißt | du reißest |
| er reißt | er reiße |
| wir reißen | wir reißen |
| ihr reißt | ihr reißet |
| sie reißen | sie reißen |

| **Imperfect indicative** | **Imperfect subjunctive** |
|---|---|
| ich riß | ich risse |
| du rissest | du rissest |
| er riß | er risse |
| wir rißen | wir rissen |
| ihr rißt | ihr risset |
| sie rißen | sie rissen |

| **Perfect indicative** | **Future indicative** |
|---|---|
| ich habe gerissen | ich werde reißen |
| du hast gerissen | du wirst reißen |
| er hat gerissen | er wird reißen |
| wir haben gerissen | wir werden reißen |
| ihr habt gerissen | ihr werdet reißen |
| sie haben gerissen | sie werden reißen |

| **Pluperfect indicative** | **Conditional** |
|---|---|
| ich hatte gerissen | ich würde reißen |
| du hattest gerissen | du würdest reißen |
| er hatte gerissen | er würde reißen |
| wir hatten gerissen | wir würden reißen |
| ihr hattet gerissen | ihr würdet reißen |
| sie hatten gerissen | sie würden reißen |

TO TELL, NARRATE *erzählen*
**Present participle** *erzählend*
**Past participle** *erzählt*
**Imperative** erzähl(e)! erzählen wir! erzählt!
erzählen Sie!

**Present indicative**
ich erzähle
du erzählst
er erzählt
wir erzählen
ihr erzählt
sie erzählen

**Present subjunctive**
ich erzähle
du erzählest
er erzähle
wir erzählen
ihr erzählet
sie erzählen

**Imperfect indicative**
ich erzählte
du erzähltest
er erzählte
wir erzählten
ihr erzähltet
sie erzählten

**Imperfect subjunctive**
ich erzählte
du erzähltest
er erzählte
wir erzählten
ihr erzähltet
sie erzählten

**Perfect indicative**
ich habe erzählt
du hast erzählt
er hat erzählt
wir haben erzählt
ihr habt erzählt
sie haben erzählt

**Future indicative**
ich werde erzählen
du wirst erzählen
er wird erzählen
wir werden erzählen
ihr werdet erzählen
sie werden erzählen

**Pluperfect indicative**
ich hatte erzählt
du hattest erzählt
er hatte erzählt
wir hatten erzählt
ihr hattet erzählt
sie hatten erzählt

**Conditional**
ich würde erzählen
du würdest erzählen
er würde erzählen
wir würden erzählen
ihr würdet erzählen
sie würden erzählen

TO THINK *denken*
**Present participle** *denkend*
**Past participle** *gedacht*
**Imperative** denk(e)! denken wir! denkt! denken Sie!

**Present indicative**
ich denke
du denkst
er denkt
wir denken
ihr denkt
sie denken

**Present subjunctive**
ich denke
du denkest
er denke
wir denken
ihr denket
sie denken

**Imperfect indicative**
ich dachte
du dachtest
er dachte
wir dachten
ihr dachtet
sie dachten

**Imperfect subjunctive**
ich dächte
du dächtest
er dächte
wir dächten
ihr dächtet
sie dächten

**Perfect indicative**
ich habe gedacht
du hast gedacht
er hat gedacht
wir haben gedacht
ihr habt gedacht
sie haben gedacht

**Future indicative**
ich werde denken
du wirst denken
er wird denken
wir werden denken
ihr werdet denken
sie werden denken

**Pluperfect indicative**
ich hatte gedacht
du hattest gedacht
er hatte gedacht
wir hatten gedacht
ihr hattet gedacht
sie hatten gedacht

**Conditional**
ich würde denken
du würdest denken
er würde denken
wir würden denken
ihr würdet denken
sie würden denken

TO THREATEN *drohen*
**Present participle** *drohend*
**Past participle** *gedroht*
**Imperative** droh(e)! drohen wir! droht! drohen Sie!

---

**Present indicative**
ich drohe
du drohst
er droht
wir drohen
ihr droht
sie drohen

**Present subjunctive**
ich drohe
du drohest
er drohe
wir drohen
ihr drohet
sie drohen

**Imperfect indicative**
ich drohte
du drohtest
er drohte
wir drohten
ihr drohtet
sie drohten

**Imperfect subjunctive**
ich drohte
du drohtest
er drohte
wir drohten
ihr drohtet
sie drohten

**Perfect indicative**
ich habe gedroht
du hast gedroht
er hat gedroht
wir haben gedroht
ihr habt gedroht
sie haben gedroht

**Future indicative**
ich werde drohen
du wirst drohen
er wird drohen
wir werden drohen
ihr werdet drohen
sie werden drohen

**Pluperfect indicative**
ich hatte gedroht
du hattest gedroht
er hatte gedroht
wir hatten gedroht
ihr hattet gedroht
sie hatten gedroht

**Conditional**
ich würde drohen
du würdest drohen
er würde drohen
wir würden drohen
ihr würdet drohen
sie würden drohen

TO THRESH *dreschen*
**Present participle** *dreschend*
**Past participle** *gedroschen*
**Imperative** drisch! dreschen wir! drescht! dreschen
Sie!

**Present indicative**
ich dresche
du drischst
er drischt
wir dreschen
ihr drescht
sie dreschen

**Present subjunctive**
ich dresche
du dreschest
er dresche
wir dreschen
ihr dreschet
sie dreschen

**Imperfect indicative**
ich drosch
du drosch(e)st
er drosch
wir droschen
ihr droscht
sie droschen

**Imperfect subjunctive**
ich drösche
du dröschest
er drösche
wir dröschen
ihr dröschet
sie dröschen

**Perfect indicative**
ich habe gedroschen
du hast gedroschen
er hat gedroschen
wir haben gedroschen
ihr habt gedroschen
sie haben gedroschen

**Future indicative**
ich werde dreschen
du wirst dreschen
er wird dreschen
wir werden dreschen
ihr werdet dreschen
sie werden dreschen

**Pluperfect indicative**
ich hatte gedroschen
du hattest gedroschen
er hatte gedroschen
wir hatten gedroschen
ihr hattet gedroschen
sie hatten gedroschen

**Conditional**
ich würde dreschen
du würdest dreschen
er würde dreschen
wir würden dreschen
ihr würdet dreschen
sie würden dreschen

TO THRIVE *gedeihen*
**Present participle** *gedeihend*
**Past participle** *gediehen*
**Imperative** gedeih(e)! gedeihen wir! gedeiht!
gedeihen Sie!

| | |
|---|---|
| **Present indicative** | **Present subjunctive** |
| ich gedeihe | ich gedeihe |
| du gedeihst | du gedeihest |
| er gedeiht | er gedeihe |
| wir gedeihen | wir gedeihen |
| ihr gedeiht | ihr gedeihet |
| sie gedeihen | sie gedeihen |
| | |
| **Imperfect indicative** | **Imperfect subjunctive** |
| ich gedieh | ich gediehe |
| du gediehst | du gediehest |
| er gedieh | er gediehe |
| wir gediehen | wir gediehen |
| ihr gedieht | ihr gediehet |
| sie gediehen | sie gediehen |
| | |
| **Perfect indicative** | **Future indicative** |
| ich bin gediehen | ich werde gedeihen |
| du bist gediehen | du wirst gedeihen |
| er ist gediehen | er wird gedeihen |
| wir sind gediehen | wir werden gedeihen |
| ihr seid gediehen | ihr werdet gedeihen |
| sie sind gediehen | sie werden gedeihen |
| | |
| **Pluperfect indicative** | **Conditional** |
| ich war gediehen | ich würde gedeihen |
| du warst gediehen | du würdest gedeihen |
| er war gediehen | er würde gedeihen |
| wir waren gediehen | wir würden gedeihen |
| ihr wart gediehen | ihr würdet gedeihen |
| sie waren gediehen | sie würden gedeihen |

TO THROW *werfen*
**Present participle** *werfend*
**Past participle** *geworfen*
**Imperative** wirf! werfen wir! werft! werfen Sie!

**Present indicative**
ich werfe
du wirfst
er wirft
wir werfen
ihr werft
sie werfen

**Present subjunctive**
ich werfe
du werfest
er werfe
wir werfen
ihr werfet
sie werfen

**Imperfect indicative**
ich warf
du warfst
er warf
wir warfen
ihr warft
sie warfen

**Imperfect subjunctive**
ich würfe
du würfest
er würfe
wir würfen
ihr würfet
sie würfen

**Perfect indicative**
ich habe geworfen
du hast geworfen
er hat geworfen
wir haben geworfen
ihr habt geworfen
sie haben geworfen

**Future indicative**
ich werde werfen
du wirst werfen
er wird werfen
wir werden werfen
ihr werdet werfen
sie werden werfen

**Pluperfect indicative**
ich hatte geworfen
du hattest geworfen
er hatte geworfen
wir hatten geworfen
ihr hattet geworfen
sie hatten geworfen

**Conditional**
ich würde werfen
du würdest werfen
er würde werfen
wir würden werfen
ihr würdet werfen
sie würden werfen

TO TIE *binden*
**Present participle** *bindend*
**Past participle** *gebunden*
**Imperative** bind(e)! binden wir! bindet! binden Sie!

---

**Present indicative**
ich binde
du bindest
er bindet
wir binden
ihr bindet
sie binden

**Present subjunctive**
ich binde
du bindest
er binde
wir binden
ihr bindet
sie binden

**Imperfect indicative**
ich band
du band(e)st
er band
wir banden
ihr bandet
sie banden

**Imperfect subjunctive**
ich bände
du bändest
er bände
wir bänden
ihr bändet
sie bänden

**Perfect indicative**
ich habe gebunden
du hast gebunden
er hat gebunden
wir haben gebunden
ihr habt gebunden
sie haben gebunden

**Future indicative**
ich werde binden
du wirst binden
er wird binden
wir werden binden
ihr werdet binden
sie werden binden

**Pluperfect indicative**
ich hatte gebunden
du hattest gebunden
er hatte gebunden
wir hatten gebunden
ihr hattet gebunden
sie hatten gebunden

**Conditional**
ich würde binden
du würdest binden
er würde binden
wir würden binden
ihr würdet binden
sie würden binden

TO TOUCH *berühren*
**Present participle** *berührend*
**Past participle** *berührt*
**Imperative** berühr(e)! berühren wir! berührt!
berühren Sie!

**Present indicative**
ich berühre
du berührst
er berührt
wir berühren
ihr berührt
sie berühren

**Present subjunctive**
ich berühre
du berührest
er berühre
wir berühren
ihr berühret
sie berühren

**Imperfect indicative**
ich berührte
du berührtest
er berührte
wir berührten
ihr berührtet
sie berührten

**Imperfect subjunctive**
ich berührte
du berührtest
er berührte
wir berührten
ihr berührtet
sie berührten

**Perfect indicative**
ich habe berührt
du hast berührt
er hat berührt
wir haben berührt
ihr habt berührt
sie haben berührt

**Future indicative**
ich werde berühren
du wirst berühren
er wird berühren
wir werden berühren
ihr werdet berühren
sie werden berühren

**Pluperfect indicative**
ich hatte berührt
du hattest berührt
er hatte berührt
wir hatten berührt
ihr hattet berührt
sie hatten berührt

**Conditional**
ich würde berühren
du würdest berühren
er würde berühren
wir würden berühren
ihr würdet berühren
sie würden berühren

TO TRADE *handeln*

**Present participle** *handelnd*
**Past participle** *gehandelt*
**Imperative** handel(e)! handeln wir! handelt!
handeln Sie!

**Present indicative**
ich hand(e)le
du handelst
er handelt
wir handeln
ihr handelt
sie handeln

**Present subjunctive**
ich hand(e)le
du handelst
er hand(e)le
wir handeln
ihr handelt
sie handeln

**Imperfect indicative**
ich handelte
du handeltest
er handelte
wir handelten
ihr handeltet
sie handelten

**Imperfect subjunctive**
ich handelte
du handeltest
er handelte
wir handelten
ihr handeltet
sie handelten

**Perfect indicative**
ich habe gehandelt
du hast gehandelt
er hat gehandelt
wir haben gehandelt
ihr habt gehandelt
sie haben gehandelt

**Future indicative**
ich werde handeln
du wirst handeln
er wird handeln
wir werden handeln
ihr werdet handeln
sie werden handeln

**Pluperfect indicative**
ich hatte gehandelt
du hattest gehandelt
er hatte gehandelt
wir hatten gehandelt
ihr hattet gehandelt
sie hatten gehandelt

**Conditional**
ich würde handeln
du würdest handeln
er würde handeln
wir würden handeln
ihr würdet handeln
sie würden handeln

TO TURN *wenden*
**Present participle** *wendend*
**Past participle** *gewandt*
**Imperative** wend(e)! wenden wir! wendet! wenden Sie!

**Present indicative**
ich wende
du wendest
er wendet
wir wenden
ihr wendet
sie wenden

**Present subjunctive**
ich wende
du wendest
er wende
wir wenden
ihr wendet
sie wenden

**Imperfect indicative**
ich wandte
du wandtest
er wandte
wir wandten
ihr wandtet
sie wandten

**Imperfect subjunctive**
ich wendete
du wendetest
er wendete
wir wendeten
ihr wendetet
sie wendeten

**Perfect indicative**
ich habe gewandt
du hast gewandt
er hat gewandt
wir haben gewandt
ihr habt gewandt
sie haben gewandt

**Future indicative**
ich werde wenden
du wirst wenden
er wird wenden
wir werden wenden
ihr werdet wenden
sie werden wenden

**Pluperfect indicative**
ich hatte gewandt
du hattest gewandt
er hatte gewandt
wir hatten gewandt
ihr hattet gewandt
sie hatten gewandt

**Conditional**
ich würde wenden
du würdest wenden
er würde wenden
wir würden wenden
ihr würdet wenden
sie würden wenden

**Present participle** *nutzend*
**Past participle** *genutzt*
**Imperative** nutz(e)! nutzen wir! nutzt! nutzen Sie!

---

**Present indicative**
ich nutze
du nutzt
er nutzt
wir nutzen
ihr nutzt
sie nutzen

**Present subjunctive**
ich nütze
du nützest
er nütze
wir nützen
ihr nützet
sie nützen

**Imperfect indicative**
ich nutzte
du nutztest
er nutzte
wir nutzten
ihr nutztet
sie nutzten

**Imperfect subjunctive**
ich nützte
du nütztest
er nützt
wir nützten
ihr nütztet
sie nützten

**Perfect indicative**
ich habe genutzt
du hast genutzt
er hat genutzt
wir haben genutzt
ihr habt genutzt
sie haben genutzt

**Future indicative**
ich werde nützen
du wirst nützen
er wird nützen
wir werden nützen
ihr werdet nützen
sie werden nützen

**Pluperfect indicative**
ich hatte genutzt
du hattest genutzt
er hatte genutzt
wir hatten genutzt
ihr hattet genutzt
sie hatten genutzt

**Conditional**
ich würde nützen
du würdest nützen
er würde nützen
wir würden nützen
ihr würdet nützen
sie würden nützen

TO VOW, SWEAR, *schwören*
**Present participle** *schwörend*
**Past participle** *geschworen*
**Imperative** schwör(e)! schwören wir! schwört!
schwören Sie!

| **Present indicative** | **Present subjunctive** |
|---|---|
| ich schwöre | ich schwöre |
| du schwörst | du schwörest |
| er schwört | er schwöre |
| wir schwören | wir schwören |
| ihr schwört | ihr schwöret |
| sie schwören | sie schwören |

| **Imperfect indicative** | **Imperfect subjunctive** |
|---|---|
| ich schwor | ich schwüre |
| du schworst | du schwürest |
| er schwor | er schwüre |
| wir schworen | wir schwüren |
| ihr schwort | ihr schwüret |
| sie schworen | sie schwüren |

| **Perfect indicative** | **Future indicative** |
|---|---|
| ich habe geschworen | ich werde schwören |
| du hast geschworen | du wirst schwören |
| er hat geschworen | er wird schwören |
| wir haben geschworen | wir werden schwören |
| ihr habt geschworen | ihr werdet schwören |
| sie haben geschworen | sie werden schwören |

| **Pluperfect indicative** | **Conditional** |
|---|---|
| ich hatte geschworen | ich würde schwören |
| du hattest geschworen | du würdest schwören |
| er hatte geschworen | er würde schwören |
| wir hatten geschworen | wir würden schwören |
| ihr hattet geschworen | ihr würdet schwören |
| sie hatten geschworen | sie würden schwören |

TO WANT *wollen*
**Present participle** *wollend*
**Past participle** *gewollt / wollen*
**Imperative** wolle! wollen wir! wollt! wollen Sie!

| **Present indicative** | **Present subjunctive** |
|---|---|
| ich will | ich wolle |
| du willst | du wollest |
| er will | er wolle |
| wir wollen | wir wollen |
| ihr wollt | ihr wollet |
| sie wollen | sie wollen |

| **Imperfect indicative** | **Imperfect subjunctive** |
|---|---|
| ich wollte | ich wollte |
| du wolltest | du wolltest |
| er wollte | er wollte |
| wir wollten | wir wollten |
| ihr wolltet | ihr wolltet |
| sie wollten | sie wollten |

| **Perfect indicative** | **Future indicative** |
|---|---|
| ich habe gewollt | ich werde wollen |
| du hast gewollt | du wirst wollen |
| er hat gewollt | er wird wollen |
| wir haben gewollt | wir werden wollen |
| ihr habt gewollt | ihr werdet wollen |
| sie haben gewollt | sie werden wollen |

| **Pluperfect indicative** | **Conditional** |
|---|---|
| ich hatte gewollt | ich würde wollen |
| du hattest gewollt | du würdest wollen |
| er hatte gewollt | er würde wollen |
| wir hatten gewollt | wir würden wollen |
| ihr hattet gewollt | ihr würdet wollen |
| sie hatten gewollt | sie würden wollen |

TO WASH *waschen*
**Present participle** *waschend*
**Past participle** *gewaschen*
**Imperative** wasch(e)! waschen wir! wascht!
waschen Sie!

| **Present indicative** | **Present subjunctive** |
|---|---|
| ich wasche | ich wasche |
| du wäschst | du waschest |
| er wäscht | er wasche |
| wir waschen | wir waschen |
| ihr wascht | ihr waschet |
| sie waschen | sie waschen |

| **Imperfect indicative** | **Imperfect subjunctive** |
|---|---|
| ich wusch | ich wüsche |
| du wuschest | du wüschest |
| er wusch | er wüsche |
| wir wuschen | wir wüschen |
| ihr wuschet | ihr wüschet |
| sie wuschen | sie wüschen |

| **Perfect indicative** | **Future indicative** |
|---|---|
| ich habe gewaschen | ich werde waschen |
| du hast gewaschen | du wirst waschen |
| er hat gewaschen | er wird waschen |
| wir haben gewaschen | wir werden waschen |
| ihr habt gewaschen | ihr werdet waschen |
| sie haben gewaschen | sie werden waschen |

| **Pluperfect indicative** | **Conditional** |
|---|---|
| ich hatte gewaschen | ich würde waschen |
| du hattest gewaschen | du würdest waschen |
| er hatte gewaschen | er würde waschen |
| wir hatten gewaschen | wir würden waschen |
| ihr hattet gewaschen | ihr würdet waschen |
| sie hatten gewaschen | sie würden waschen |

TO WASTE *verschwenden*
**Present participle** *verschwendend*
**Past participle** *verschwendet*
**Imperative** verschwende! verschwenden wir!
verschwendet! verschwenden Sie!

**Present indicative**
ich verschwende
du verschwendest
er verschwendet
wir verschwenden
ihr verschwendet
sie verschwenden

**Present subjunctive**
ich verschwende
du verschwendest
er verschwende
wir verschwenden
ihr verschwendet
sie verschwenden

**Imperfect indicative**
ich verschwendete
du verschwendetest
er verschwedete
wir verschwendeten
ihr verschwendetet
sie verschwendeten

**Imperfect subjunctive**
ich verschwendete
du verschwendetest
er verschwendete
wir verschwendeten
ihr verschwendetet
sie verschwendeten

**Perfect indicative**
ich habe verschwendet
du hast verschwendet
er hat verschwendet
wir haben verschwendet
ihr habt verschwendet
sie haben verschwendet

**Future indicative**
ich werde verschwenden
du wirst verschwenden
er wird verschwenden
wir werden verschwenden
ihr werdet verschwenden
sie werden verschwenden

**Pluperfect indicative**
ich hatte verschwendet
du hattest verschwendet
er hatte verschwendet
wir hatten verschwendet
ihr hattet verschwendet
sie hatten verschwendet

**Conditional**
ich würde verschwenden
du würdest verschwenden
er würde verschwenden
wir würden verschwenden
ihr würdet verschwenden
sie würden verschwenden

TO WEAR, TO CARRY *tragen*
**Present participle** *tragend*
**Past participle** *getragen*
**Imperative** trag(e)! tragen wir! tragt! agen Sie!

| **Present indicative** | **Present subjunctive** |
| --- | --- |
| ich trage | ich trage |
| du trägst | du tragest |
| er trägt | er trage |
| wir tragen | wir tragen |
| ihr tragt | ihr traget |
| sie tragen | sie tragen |

| **Imperfect indicative** | **Imperfect subjunctive** |
| --- | --- |
| ich trug | ich trüge |
| du trugst | du trügest |
| er trug | er trüge |
| wir trugen | wir trügen |
| ihr trugt | ihr trüget |
| sie trugen | sie trügen |

| **Perfect indicative** | **Future indicative** |
| --- | --- |
| ich habe getragen | ich werde tragen |
| du hast getragen | du wirst tragen |
| er hat getragen | er wird tragen |
| wir haben getragen | wir werden tragen |
| ihr habt getragen | ihr werdet tragen |
| sie haben getragen | sie werden tragen |

| **Pluperfect indicative** | **Conditional** |
| --- | --- |
| ich hatte getragen | ich würde tragen |
| du hattest getragen | du würdest tragen |
| er hatte getragen | er würde tragen |
| wir hatten getragen | wir würden tragen |
| ihr hattet getragen | ihr würdet tragen |
| sie hatten getragen | sie würden tragen |

TO WEAVE *weben*
**Present participle** *webend*
**Past participle** *gewoben*
**Imperative** web(e)! weben wir! webt! weben Sie!

| Present indicative | Present subjunctive |
|---|---|
| ich webe | ich webe |
| du webst | du webest |
| er webt | er webe |
| wir weben | wir weben |
| ihr webt | ihr webet |
| sie weben | sie weben |

| Imperfect indicative | Imperfect subjunctive |
|---|---|
| ich wob | ich wöbe |
| du wob(e)st | du wöbest |
| er wob | er wöbe |
| wir woben | wir wöben |
| ihr wobt | ihr wöbet |
| sie woben | sie wöben |

| Perfect indicative | Future indicative |
|---|---|
| ich habe gewoben | ich werde weben |
| du hast gewoben | du wirst weben |
| er hat gewoben | er wird weben |
| wir haben gewoben | wir werden weben |
| ihr habt gewoben | ihr werdet weben |
| sie haben gewoben | sie werden weben |

| Pluperfect indicative | Conditional |
|---|---|
| ich hatte gewoben | ich würde weben |
| du hattest gewoben | du würdest weben |
| er hatte gewoben | er würde weben |
| wir hatten gewoben | wir würden weben |
| ihr hattet gewoben | ihr würdet weben |
| sie hatten gewoben | sie würden weben |

TO WEIGH *wiegen*
**Present participle** *wiegend*
**Past participle** *gewogen*
**Imperative** wieg(e)! wiegen wir! wiegt! wiegen Sie!

| Present indicative | Present subjunctive |
|---|---|
| ich wiege | ich wiege |
| du wiegst | du wiegest |
| er wiegt | er wiege |
| wir wiegen | wir wiegen |
| ihr wiegt | ihr wieget |
| sie wiegen | sie wiegen |

| Imperfect indicative | Imperfect subjunctive |
|---|---|
| ich wog | ich wöge |
| du wogst | du wögest |
| er wog | er wöge |
| wir wogen | wir wögen |
| ihr wogt | ihr wöget |
| sie wogen | sie wögen |

| Perfect indicative | Future indicative |
|---|---|
| ich habe gewogen | ich werde wiegen |
| du hast gewogen | du wirst wiegen |
| er hat gewogen | er wird wiegen |
| wir haben gewogen | wir werden wiegen |
| ihr habt gewogen | ihr werdet wiegen |
| sie haben gewogen | sie werden wiegen |

| Pluperfect indicative | Conditional |
|---|---|
| ich hatte gewogen | ich würde wiegen |
| du hattest gewogen | du würdest wiegen |
| er hatte gewogen | er würde wiegen |
| wir hatten gewogen | wir würden wiegen |
| ihr hattet gewogen | ihr würdet wiegen |
| sie hatten gewogen | sie würden wiegen |

TO WHISTLE *pfeifen*
**Present participle** *pfeifend*
**Past participle** *gepfiffen*
**Imperative** pfeif(e)! pfeifen wir! pfeift! pfeifen Sie!

---

**Present indicative**
ich pfeife
du pfeifst
er pfeift
wir pfeifen
ihr pfeift
sie pfeifen

**Present subjunctive**
ich pfeife
du pfeifest
er pfeife
wir pfeifen
ihr pfeifet
sie pfeifen

**Imperfect indicative**
ich pfiff
du pfiffst
er pfiff
wir pfiffen
ihr pfifft
sie pfiffen

**Imperfect subjunctive**
ich pfiffe
du pfiffest
er pfiffe
wir pfiffen
ihr pfiffet
sie pfiffen

**Perfect indicative**
ich habe gepfiffen
du hast gepfiffen
er hat gepfiffen
wir haben g'epfiffen
ihr habt gepfiffen
sie haben gepfiffen

**Future indicative**
ich werde pfeifen
du wirst pfeifen
er wird pfeifen
wir werden pfeifen
ihr werdet pfeifen
sie werden pfeifen

**Pluperfect indicative**
ich hatte gepfiffen
du hattest gepfiffen
er hatte gepfiffen
wir hatten gepfiffen
ihr hattet gepfiffen
sie hatten gepfiffen

**Conditional**
ich würde pfeifen
du würdest pfeifen
er würde pfeifen
wir würden pfeifen
ihr würdet pfeifen
sie würden pfeifen

TO WIN *gewinnen*
**Present participle** *gewinnend*
**Past participle** *gewonnen*
**Imperative** gewinn(e)! gewinnen wir! gewinnt!
gewinnen Sie!

| **Present indicative** | **Present subjunctive** |
|---|---|
| ich gewinne | ich gewinne |
| du gewinnst | du gewinnest |
| er gewinnt | er gewinne |
| wir gewinnen | wir gewinnen |
| ihr gewinnt | ihr gewinnet |
| sie gewinnen | sie gewinnen |

| **Imperfect indicative** | **Imperfect subjunctive** |
|---|---|
| ich gewann | ich gewönne |
| du gewannst | du gewönnest |
| er gewann | er gewönne |
| wir gewannen | wir gewönnen |
| ihr gewannt | ihr gewönnet |
| sie gewannen | sie gewönnen |

| **Perfect indicative** | **Future indicative** |
|---|---|
| ich habe gewonnen | ich werde gewinnen |
| du hast gewonnen | du wirst gewinnen |
| er hat gewonnen | er wird gewinnen |
| wir haben gewonnen | wir werden gewinnen |
| ihr habt gewonnen | ihr werdet gewinnen |
| sie haben gewonnen | sie werden gewinnen |

| **Pluperfect indicative** | **Conditional** |
|---|---|
| ich hatte gewonnen | ich würde gewinnen |
| du hattest gewonnen | du würdest gewinnen |
| er hatte gewonnen | er würde gewinnen |
| wir hatten gewonnen | wir würden gewinnen |
| ihr hattet gewonnen | ihr würdet gewinnen |
| sie hatten gewonnen | sie würden gewinnen |

TO WIND, WRAP *schlingen*
**Present participle** *schlingend*
**Past participle** *geschlungen*
**Imperative** schling(e)! schlingen wir! schlingt!
schlingen Sie!

**Present indicative**
ich schlinge
du schlingst
er schlingt
wir schlingen
ihr schlingt
sie schlingen

**Present subjunctive**
ich schlinge
du schlingest
er schlinge
wir schlingen
ihr schlinget
sie schlingen

**Imperfect indicative**
ich schlang
du schlangst
er schlang
wir schlangen
ihr schlangt
sie schlangen

**Imperfect subjunctive**
ich schlänge
du schlängest
er schlänge
wir schlängen
ihr schlänget
sie schlängen

**Perfect indicative**
ich habe geschlungen
du hast geschlungen
er hat geschlungen
wir haben geschlungen
ihr habt geschlungen
sie haben geschlungen

**Future indicative**
ich werde schlingen
du wirst schlingen
er wird schlingen
wir werden schlingen
ihr werdet schlingen
sie werden schlingen

**Pluperfect indicative**
ich hatte geschlungen
du hattest geschlungen
er hatte geschlungen
wir hatten geschlungen
ihr hattet geschlungen
sie hatten geschlungen

**Conditional**
ich würde schlingen
du würdest schlingen
er würde schlingen
wir würden schlingen
ihr würdet schlingen
sie würden schlingen

TO WIND *winden*
**Present participle** *windend*
**Past participle** *gewunden*
**Imperative** wind(e)! winden wir! windet! winden Sie!

**Present indicative**
ich winde
du windest
er windet
wir winden
ihr windet
sie winden

**Present subjunctive**
ich winde
du windest
er winde
wir winden
ihr windet
sie winden

**Imperfect indicative**
ich wand
du wandest
er wand
wir wanden
ihr wandet
sie wanden

**Imperfect subjunctive**
ich wände
du wändest
er wände
wir wänden
ihr wändet
sie wänden

**Perfect indicative**
ich habe gewunden
du hast gewunden
er hat gewunden
wir haben gewunden
ihr habt gewunden
sie haben gewunden

**Future indicative**
ich werde winden
du wirst winden
er wird winden
wir werden winden
ihr werdet winden
sie werden winden

**Pluperfect indicative**
ich hatte gewunden
du hattest gewunden
er hatte gewunden
wir hatten gewunden
ihr hattet gewunden
sie hatten gewunden

**Conditional**
ich würde winden
du würdest winden
er würde winden
wir würden winden
ihr würdet winden
sie würden winden

TO WORK *arbeiten*
**Present participle** *arbeitend*
**Past participle** *gearbeitet*
**Imperative** arbeite! arbeiten wir! arbeitet!
arbeiten Sie!

**Present indicative**
ich arbeite
du arbeitest
er arbeitet
wir arbeiten
ihr arbeitet
sie arbeiten

**Present subjunctive**
ich arbeite
du arbeitest
er arbeite
wir arbeiten
ihr arbeitet
sie arbeiten

**Imperfect indicative**
ich arbeitete
du arbeitetest
er arbeitete
wir arbeiteten
ihr arbeitetet
sie arbeiteten

**Imperfect subjunctive**
ich arbeitete
du arbeitetest
er arbeitete
wir arbeiteten
ihr arbeitetet
sie arbeiteten

**Perfect indicative**
ich habe gearbeitet
du hast gearbeitet
er hat gearbeitet
wi haben gearbeitet
ihr habt gearbeitet
sie haben gearbeitet

**Future indicative**
ich werde arbeiten
du wirst arbeiten
er wird arbeiten
wir werden arbeiten
ihr werdet arbeiten
sie werden arbeiten

**Pluperfect indicative**
ich hatte gearbeitet
du hattest gearbeitet
er hatte gearbeitet
wir hatten gearbeitet
ihr hattet gearbeitet
sie hatten gearbeitet

**Conditional**
ich würde arbeiten
du würdest arbeiten
er würde arbeiten
wir würden arbeiten
ihr würdet arbeiten
sie würden arbeiten

**Present participle** *wringend*
**Past participle** *gewrungen*
**Imperative** wring(e)! wringen wir! wringt! wringen
Sie!

---

**Present indicative**
ich wringe
du wringst
er wringt
wir wringen
ihr wringt
sie wringen

**Present subjunctive**
ich wringe
du wringest
er wringe
wir wringen
ihr wringet
sie wringen

**Imperfect indicative**
ich wrang
du wrangst
er wrang
wir wrangen
ihr wrangt
sie wrangen

**Imperfect subjunctive**
ich wränge
du wrängest
er wränge
wir wrängen
ihr wränget
sie wrängen

**Perfect indicative**
ich habe gewrungen
du hast gewrungen
er hat gewrungen
wir haben gewrungen
ihr habt gewrungen
sie haben gewrungen

**Future indicative**
ich werde wringen
du wirst wringen
er wird wringen
wir werden wringen
ihr werdet wringen
sie werden wringen

**Pluperfect indicative**
ich hatte gewrungen
du hattest gewrungen
er hatte gewrungen
wir hatten gewrungen
ihr hattet gewrungen
sie hatten gewrungen

**Conditional**
ich würde wringen
du würdest wringen
er würde wringen
wir würden wringen
ihr würdet wringen
sie würden wringen

TO WRITE *schreiben*
**Present participle** *schreibend*
**Past participle** *geschrieben*
**Imperative** schreib(e)! schreiben wir! schreibt!
schreiben Sie!

**Present indicative**
ich schreibe
du schreibst
er schreibt
wir schreiben
ihr schreibt
sie schreiben

**Present subjunctive**
ich schreibe
du schreibest
er schreibe
wir schreiben
ihr schreibet
sie schreiben

**Imperfect indicative**
ich schrieb
du schriebst
er schrieb
wir schrieben
ihr schiebt
sie schrieben

**Imperfect subjunctive**
ich schriebe
du schriebest
er schriebe
wir schrieben
ihr schriebet
sie schrieben

**Perfect indicative**
ich habe geschrieben
du hast geschrieben
er hat geschrieben
wir haben geschrieben
ihr habt geschrieben
sie haben geschrieben

**Future indicative**
ich werde schreiben
du wirst schreiben
er wird schreiben
wir werden schreiben
ihr werdet schreiben
sie werden schreiben

**Pluperfect indicative**
ich hatte geschrieben
du hattest geschrieben
er hatte geschrieben
wir hatten geschrieben
ihr hattet geschrieben
sie hatten geschrieben

**Conditional**
ich würde schreiben
du würdest schreiben
er würde schreiben
wir würden schreiben
ihr würdet schreiben
sie würden schreiben

TO YAWN *gähnen*
**Present participle** *gähnend*
**Past participle** *gegähnt*
**Imperative** gähn(e)! gähnen wir! gähnt! gähnen
Sie!

**Present indicative**
ich gähne
du gähnst
er gähnt
wir gähnen
ihr gähnt
sie gähnen

**Present subjunctive**
ich gähne
du gähnest
er gähne
wir gähnen
ihr gähnet
sie gähnen

**Imperfect indicative**
ich gähnte
du gähntest
er gähnte
wir gähnten
ihr gähntet
sie gähnten

**Imperfect subjunctive**
ich gähnte
du gähntest
er gähnte
wir gähnten
ihr gähntet
sie gähnten

**Perfect indicative**
ich habe gegähnt
du hast gegähnt
er hat gegähnt
wir haben gegähnt
ihr habt gegähnt
sie haben gegähnt

**Future indicative**
ich werde gähnen
du wirst gähnen
er wird gähnen
wir werden gähnen
ihr werdet gähnen
sie werden gähnen

**Pluperfect indicative**
ich hatte gegähnt
du hattest gegähnt
er hatte gegähnt
wir hatten gegähnt
ihr hattet gegähnt
sie hatten gegähnt

**Conditional**
ich würde gähnen
du würdest gähnen
er würde gähnen
wir würden gähnen
ihr würdet gähnen
sie würden gähnen

TO YIELD, GIVE WAY *weichen*
**Present participle** *weichend*
**Past participle** *gewichen*
**Imperative** weich(e)! weichen wir! weicht! weichen Sie!

**Present indicative**
ich weiche
du weichst
er weicht
wir weichen
ihr weicht
sie weichen

**Present subjunctive**
ich weiche
du weichest
er weiche
wir weichen
ihr weichet
sie weichen

**Imperfect indicative**
ich wich
du wichst
er wich
wir wichen
ihr wicht
sie wichen

**Imperfect subjunctive**
ich wiche
du wichest
er wiche
wir wichen
ihr wichet
sie wichen

**Perfect indicative**
ich bin gewichen
du bist gewichen
er ist gewichen
wir sind gewichen
ihr seid gewichen
sie sind gewichen

**Future indicative**
ich werde weichen
du wirst weichen
er wird weichen
wir werden weichen
ihr werdet weichen
sie werden weichen

**Pluperfect indicative**
ich war gewichen
du warst gewichen
er war gewichen
wir waren gewichen
ihr wart gewichen
sie waren gewichen

**Conditional**
ich würde weichen
du würdest weichen
er würde weichen
wir würden weichen
ihr würdet weichen
sie würden weichen

# GERMAN INDEX

# ENGLISH INDEX

to flee 71
to float 72
to flow 73
to flow, trickle 74
to fly 75
to force *see* to compel
to forget 76
to freeze 77
to fry 78
to get (into debt, etc) 79
to get married 80
to give 81
to give birth 82
to give way *see* to yield
to glide 83
to go 84
to go out (of lights) 85
to go, travel, drive 86
to grab 87
to grind 88
to grow 89
to guess 90
to gush 91
to hang 92
to have 93
to have to 94
to heal 95
to hear 96
to help 97
to hesitate 98
to hew 99
to hide *see* to rescue
to hit 100
to hold 101
to hunt 102
to inform 103
is to *see* should
to itch 104

to jump 105
to knot *see* to tie
to know (a fact) 106
to know (a person) 107
to last 108
to laugh 109
to lead 110
to leave *see* to let
to lend 111
to let 112
to lie 113
to lie (tell a) 114
to lift 115
to like 116
to limp 117
to load 118
to look after 119
to lose 120
to love 121
to make 122
may *see* to be able to
to mean 123
to measure 124
to meditate 125
to meet 126
to melt 127
to mix 128
must *see* to have to
to name 129
to narrate *see* to tell
to offer 130
to open 131
to pack 132
to pardon *see* to excuse
to park 133
to part *see* to separate
to pay 134
to penetrate 135